# 国家土地银行论

## （修订本）

宋健坤　著

北京交通大学出版社
·北京·

**图书在版编目（CIP）数据**

国家土地银行论 / 宋健坤著. — 北京：北京交通大学出版社，2016.3
（2020.6 重印）
ISBN 978-7-5121-2661-9

Ⅰ. ① 国⋯　Ⅱ. ① 宋⋯　Ⅲ. ① 土地制度–研究–中国　Ⅳ. ① F321.1

中国版本图书馆 CIP 数据核字（2016）第 023396 号

国家土地银行论
GUOJIA TUDI YINHANG LUN

责任编辑：许啸东
出版发行：北京交通大学出版社　　电话：010-51686414　　http://www.bjtup.com.cn
地　　址：北京市海淀区高梁桥斜街 44 号　　邮编：100044
印　刷　者：艺堂印刷（天津）有限公司
经　　销：全国新华书店
开　　本：170 mm×235 mm　　印张：11　　字数：158 千字
版 印 次：2020 年 6 月第 1 版第 1 次修订　　2020 年 6 月第 6 次印刷
印　　数：7 801～8 800 册　　定价：50.00 元

本书如有质量问题，请向北京交通大学出版社质监组反映。
投诉电话：010-51686043，51686008；E-mail：press@bjtu.edu.cn。

# 前　言

　　**中国未来的成功在很大程度上取决于城镇化建设最终能否成功，而能够保证履行完这一使命的制度基础，无疑是土地制度的成功设计！**

　　土地制度的设计和发展轨迹离不开人类共有的宝贵经验：走土地银行的发展路径，这是人类社会共有的财富和经验。中国所不同的是，必然要融入自身的独有基因，那就是必须坚持以资源属性的国有化为基础，这是中国最终一定要建立"国家土地银行"的基本逻辑。

　　中国自古以来就是一个以农业生产为主的国家，因此关于土地制度的改革可以说一直都在进行。客观地讲，历史上诸朝诸代的统治者，在立朝建代之初，基本都能做到本着当初的社会客观实际出发，建立符合当时实际情况的国家土地制度，这对稳固当时的政权基础、发展经济和促进社会健康发展起到积极的推动作用。

　　事实上，如果土地制度背离实际事实，客观上会造成社会的迟滞发展，严重者则可能产生社会的颠覆性破坏。这让土地制度成为历朝历代统治者内心深处时刻谨记的头等大事！这也是不同时期统治者励精图治、以求与时俱进之动力所在。

　　今天的中国早已今非昔比，经济总量已经跃升为世界第二位，但是在制约中国经济社会发展的诸多要素中，土地制度的相对滞后，成为制约农业发展越来越突出的矛盾。不过，就目前而言解决这一难题，不能一蹴而就，需要通过今后几个阶段任务的推进方能实现。

　　农业在中国国民经济中占据基础地位。中国农业生产效率不高，耕地红线压力加大，长期形成的粮食安全问题日益突出。在此背景下，以互联网技术为代表的高科技正在重塑传统的农业生产方式，一种全新的农业经济模式即"农业 3.0 模式"正在形成，它给我们展现出了前所未有的农业发展的新画卷。

"农业 3.0 模式"[①]是以高科技为手段、以农产品为纽带、融合农业产业要素、在高标准实现食品安全的保障下，实施"订单式"销售，实现"按需订制"的农业经济新模式。它标志农业发展进入到智能化的新阶段，是农业经济发展的升级版。

"农业 3.0 模式"以世界科技创新为推动力，做到了四个实现[②]：一是实现了传统农业在生产、交易、流通等关键功能上的整体性、系统性、颠覆式的重构；二是实现了传统农业中的实体经济与信息技术和虚拟经济在相互交融后、升级为更高级的农业经济发展方式；三是实现了以全程产业链为载体的农业经济的"订单式"销售与"按需订制"模式；四是实现了在新标准引领下的检测、追溯、评估、认证等全要素生产标准体系的新建。

"农业 3.0 模式"是国家农业第三代经济发展模式，即产业盈利模式。"数字农业 4.0"是农业第四代科学技术进步的结构代际数。农业产业模式的划分和确定，必须坚持"以生产力与生产关系的结构升级特征"作为判断标准。

"农业 1.0 模式"阶段：是以体力劳动作为主要生产方式，劳动力是关键要素，个体小农经济是主要经济特征。交易特征是终端销售，它采取分散"购销式"销售，产品由生产者先出售给终端商后再由终端商出售给消费者，由于通过多环节将消费者的诉求反馈给生产者的信息是滞后和发散式的，生产者很难科学做出生产决策，所以生产者

①  宋健坤. 第三代商业模式的大突破. 上海证券报，2013-04-02
②  宋健坤."农业 3.0 模式"正成为中国特色的农业发展之路.中国食品报，2019-04-02

看重"以往经验"。这个阶段的全产业链，由各自独立的"分段式"结构组成。

"农业2.0模式"阶段：是以机械化耕作作为主要生产方式，农业机械是关键要素，规模化农业是主要经济特征。交易特征是实现了销售产品在"空中向前转移"，它采取网上"中介式"销售，实际只是将终端产品"照片"通过网络渠道销售给消费者，未实现"生产者与消费者"的直接对接，这种销售方式在一定程度上降低了生产者的盈利空间。这个阶段的全产业链，由"大契约"来融合"半分段式"结构组成。

"农业3.0模式"阶段：是以信息化手段作为主要生产方式，智能化、数字化技术是关键要素，按需订制产业模式是主要经济特征。交易特征是"定价方式"从传统的现货定价转向以期货定价为主，它采取供应链"订单式"销售，让产品从生产开始即与需求直接挂钩，从根本上消除"农业1.0模式"和"农业2.0模式"下由于信息不对称造成的市场调节失灵弊端，极大降低因生产盲目性造成的损失，实现"按需订制模式"。这个阶段的全产业链，由"一体化"的整体结构组成。

从发展趋势看，未来农业产业的全产业链，将逐步减少组织环节：从传统销售渠道的"产地-批发市场-分级配送-零售-客户终端"方式，将因"线上线下"与"加工"的融合以及"定价方式"的改变而缩减为"产地-加工储备基地-客户终端"的新方式；从原有的分段式结构、半分段式结构，最终整合成"一体化"的生产管理体系。在未来全产业链的整合中，"大资本"成为"农业3.0模式"的主体。

中国未来农业发展的巨幅画卷最终能否绘就，很大程度上取决于为支持农业发展所制定的国家新型土地制度。

土地制度的设计不难，难的是如何设计出符合中国国情、有利于推动中国经济可持续发展、能够让国家长治久安的好土地制度。眼下当务之急，是我们如何从中国社会的现实出发，更深刻、更全面地去了解和认识中国社会的本质，这不但需要大家从推进中国的实现条件和基本路径去研究，更应借助中国正在全面展开的新型城镇化建设去全方位的挖掘。只有这样做，才能对在中国最终建立"国家土地银行"和"国家新型土地制度"形成共识，并推动这项事业取得成功。

土地制度的演进，成为衡量一个国家历史进程的标尺。

作　者

2020 年 1 月 7 日

# 目　　录

# 第1章

# 导　言

本书在逻辑结构上由两部分主要内容组成。

第一部分阐述了国家新型土地制度设计的两大核心理论。这部分内容构建了本书的基础理论。

在进行国家新型土地制度设计之前，首先要解决两个具有战略意义的核心理论问题。

一是必须明确土地制度的本质特征是什么？土地制度是国家政权制度中最基础、最核心的制度。土地制度的设计，一定要与国家的道路选择和国家的根本政治制度选择紧密联系。科学分析得出，中国土地制度的本质特征是"坚持走中国特色社会主义道路、坚持公有制"。土地制度的这两个本质特征，同样是中国现代制度改革必须坚持的根本原则，应成为中国未来进行任何现代制度设计及其改革都必须遵循的根本原则。

二是必须解决土地制度服务于国家的市场化结构是什么？选择和实施什么样的市场化结构模式，一定要与实施什么样的市场化监管结构模式相对应。任何主权国家对此问题都必须明确态度，对此采取回避、甚至排斥的态度都是错误的。研究认为，中国市场化结构模式应确立为"有约束的市场化模式"。这一结构模式符合中国社会主义市场经济的制度要求和本质特征。

建立国家新型土地制度的战略目的是要服务于"国家建立的有约束的市场化结构模式",以实现国家土地资源价值最大化。离开这个核心去推进任何形式的土地制度改革,都必然背离中国经济社会发展的正确轨道。从这个意义上讲,国家新型土地制度的设计,正是履行国家顶层设计的承应使命。

经过深刻分析中国土地的历史沿革,科学总结出土地制度的国家属性、全民属性、市场属性三大基本属性,据此发现了土地价值原理,即"以最优方式将土地制度三大基本属性置于独立的封闭性土地资源运营平台中,通过土地资源与金融资源的价值耦合来实现土地资源价值最大化。"因此,土地价值原理成为设计国家新型土地制度和国家土地银行制度的基础理论,是本书的核心理论。

第二部分是国家新型土地制度的整体设计。这部分内容奠定了本书的理论体系。

国家新型土地制度的设计不仅赋予国家土地银行必备的功能和机制,还对其运作模式、操作路线图、实践步骤、实施路径等方面内容进行系统性论证和整体性设计。其重点是完成国家新型土地制度和国家土地银行制度的"四大功能"设计。

(1)以实现并服务于"有约束的市场化结构模式"为目标,确立国家新型生产关系。

(2)以增设"土地收益权"为措施,实施国家新型土地制度下的土地所有权、经营权、使用权和收益权四类权属的"四权分置"管理。

(3)以实现"土地价值最大化"为宗旨,建立国家土地的封闭化运营体系。

(4)以构建"土地有效监管新制度"为手段,建立国家长治久安的现代化土地管理制度。

国家新型土地制度设计了独有的功能:建立起"土地价值的利益

分配制度"与"土地价值的利益制衡制度"。以此探索解决"平均地权"的最终实现方式和建立中国现代土地管理制度。

国家新型土地制度设计是一项极为复杂的理论工程建设。它涉及构建土地运营管理、土地监管、土地要素配置三大要素体系的制度设计。在土地制度的整体设计中，既要兼顾三者的关系，又要突出国家土地银行的功能机制，还要力拓资源领域的基础理论。

本书在体系建立过程中重新划分资源类别、确定"新三类"执行原则。新建立的基础理论有：土地价值原理（土地资源理论的第一法则），土地债券原理（土地资源理论的第二法则），土地资本原理（土地资源理论的第三法则），土地黑障原理（土地资源理论的第四法则）等，大大丰富了传统基础理论。

本书在结构设计上，是以建立新型土地制度为主轴、以中国土地制度的历史沿革为辅轴来布局建立的。全文之所以较多选用中国土地史料，一是中国土地史料不仅完整、丰富、具体，而且具有代表意义。以土地制度演进的断代史为例，其完整性在全世界绝无仅有，它为后人提供了极为丰富的研究史料。二是中国在国际共产主义运动史上贡献卓著，是仍在推动该事业向前发展的主要国家，其参考价值极具典型意义。三是当前中国土地制度创新需求紧迫，国家新型土地制度推出意义重大。

国家新型土地制度的设计融入对土地制度问题的深刻思考：如何通过成立国家土地银行来增设"土地收益权"，以确保农民的根本利益？如何通过成立国家土地银行来实现"平均地权"，以解决土地收益的全民共享？如何通过成立国家土地银行来实施"农业 3.0 模式"，以改变落后的农业生产方式？如何通过成立国家土地银行来发行"土地债券"，以开拓国家的土地信贷业务和基础性融资手段？如何通过成立国家土地银行来实施"土地收益权评估入股"，以最终实现国家土地所有权的统一？

　　本书运用科学严谨的逻辑论证方法，结合丰富详实的历史实证与反证方法，采取博弈论分析手段深入揭示深层次问题。对于事关国家兴衰的土地价值的选择方向问题，陈清利害、阐明观点；对于理论界长期毒害中国现代制度尤其是产权制度的问题，驳斥谬误、数典明法。

　　经过了 23 年的专业基础理论研究，以出版《国家土地银行》《国家土地银行论》和《国家土地银行论（修订版）》作为标志，渡过理论的探索期后，终于完成了国家新型土地制度和国家土地银行的制度设计。

# 第2章

# 土地制度的本质特征

本章的核心是科学、系统地阐述土地制度的本质问题。这是进行土地制度设计的两大前提之一。它不但是国家进行道路选择的落脚点，更是国家建立现代制度的归结点。

## 2.1　中国土地制度向何处去

习近平同志指出，在走什么样的法制道路问题上，必须向全社会释放正确而明确的信号，指明全面推进依法治国的正确方向，统一全党、全国各族人民的认识和行动"[①]。

那么，中国现代制度尤其是产权制度的改革方向是什么？推进中国现代制度尤其是产权制度的改革标准是什么？

中国现代制度尤其是产权制度的改革方向，是"以制度巩固道路、以制度完善公有制"来坚持走中国社会主义道路。中国现代制度尤其是产权制度的改革标准，是坚持"四项原则"：坚持走中国社会主义道路和坚持公有制的原则，坚持维护国家政权稳定的原则，坚持

---

① 习近平. 关于《中共中央关于全面推进依法治国若干重大问题的决定》的说明［EB/OL］（2014-10-28）. http://www.gov.cn/2014-10/28/content_2771717.htm.

发展生产力的原则，坚持保障全体公民共享权益的原则。

## 2.1.1 坚决反对土地所有权私有化主张

中国土地制度向何处去？目前主要有两种主张：一种是推动土地所有权的"制度市场化"改革；另一种是推动土地所有权的"功效市场化"改革。土地制度改革要分辨选择具有两种不同本质特征的"市场化方向"，这是当前两大改革派的矛盾核心所在①。

推动土地所有权的"制度市场化"②，就是实施土地所有权私有化。这在推动新型城镇化发展的大背景下，极具蛊惑性。如果他们的主张取得成功，中国必将出现大批无业可就的失地农民，其后果不可想象。必须明确指出，土地制度全盘私有化与中国的国体、国情相悖，从利益分配上，必然导致国内贫富差距进一步拉大，存在着制造社会对立、发生高强度冲击的巨大风险，我们需要保持高度警惕。

推动土地所有权的"功效市场化"③，就是在土地所有权不实行私有制的前提下，实现土地资源配置效率的市场化。这能使广大农民在农业现代化和国家财富增长的进程中同步获益。这是中国实现农业现代化、新型城镇化及农村社会诸多宏伟目标发展的必由之路。

此外还有一种主张，他们认为应以"小补为主，不作大改"作为国家土地制度的改革原则。理由是稳定大局、保障农民最后一块口粮地。这一主张无疑会导致土地沉积问题久拖不决，必然影响到中国经济发展的持续性、稳定性和效率性。

土地制度的改革已经成为紧迫性任务，在国家社会实践层面，各地相继出现了不少变相的土地生产关系的调整，若继续保持现有制度

---

① 宋健坤. 国家土地银行. 北京：中国财政经济出版社，2013：4.

② 宋健坤. 国家土地银行论. 北京：北京交通大学出版社，2016：3.

③ 同②3.

僵化不变，只会使未来社会实践变得更加混乱，让我们错失顶层设计的最佳时机。

土地资源是资源的重要组成部分，是中国经济可持续发展的命脉性资源（第 8 章专门阐述）。从生产关系的层面来重新确立土地资源的定位、属性、功能以及价值最大化原则，这将深刻影响中国未来制度与经济发展的走向，对提升国家资源空间总价值具有重大意义。

目前，由土地价值分配效应引发的社会风险正在聚向决策层。为此，对于土地制度改革，尤其是土地所有权的权属确立问题，必须引起国家的高度重视。

正因如此，我们不但要正面回答中国土地制度的本质特征、土地资源价值最大化原则、基本属性是什么，还要回答成立国家土地银行的目的、基本功能、土地管理方式和土地监管方式是什么，更要回答土地收益与全体公民的关系等利益攸关的问题。

上述所有问题无不指向"中国土地制度向何处去"这个尖锐问题。对此，我们不能回避，必须做出正面回答。

## 2.1.2　土地制度设计的核心是四项权力的选择

土地问题成为聚焦中国目前所有问题的核心。由其衍生出的土地收益问题，就目前农民个体而言，其意义包含农民生存的全部成本：住房、生活费用、教育费用、就业、失业补助、医疗、养老等。这也是土地制度设计为什么会牵一发而动全身的真正原因。

农村土地所有权制度如何设计？是保持原有土地制度不变？是将土地从农民手中"赎买"后，全面实施土地所有权"制度市场化"（土地制度私有化）？还是通过制度设计让集体土地所有权实现国家所有制后，在土地国家所有制的体系下实现土地所有权的"功效市场化"（土地资源使用方式市场化）？

土地储备制度如何建立？土地资源的收储利益向谁倾斜？国家调控土地市场的功能究竟由谁来担当？

国家土地资源监管权如何设计？是向现有地权的拥有方倾斜？是向索取地权的利益方倾斜？还是增加审批者的"权力寻租空间"？

土地所有问题均指向土地制度的四项权力选择：土地所有权归属于谁？土地收益权如何分配？土地运营管理权如何定位？土地监管权如何配置？

## 2.2 中国土地制度的本质特征

中国土地制度必须坚持走中国特色社会主义道路、坚持公有制，这是中国土地制度的本质特征。

世界上凡是涉及土地制度的问题，都必定要打上国家的烙印，彰显国家的属性。因为土地制度是国家政权制度中最基础、最核心的制度。因此，中国土地制度的设计原则，必须是"坚持走中国特色社会主义道路、坚持公有制"这两项根本原则。

为什么说土地制度一定要与国家的道路选择、与国家的根本政治制度选择紧密相关？

**土地制度**[①]**是在一定社会制度条件下针对一个国家全体公民强制形成的因土地资源产生并涵盖全部土地关系的制度总称。它包括权属、收益、效益实现和分配方式及监管与规划等一切权力。**

土地制度包括土地所有权制度、土地经营权制度、土地使用权制度、土地收益权制度、土地管理权制度、土地监管权制度、土地规划

---

① 宋健坤. 国家土地银行. 北京：中国财政经济出版社，2013：4.

权制度；包括土地交易市场制度、土地保护制度、土地征用制度、土地税收制度；包括党政机关和人民团体土地管理制度、军事土地管理制度、工农业生产土地管理制度、交通设施建设土地管理制度、文化教育卫生旅游土地管理制度、各类自然生态资源公园（"以土地制度为主题"设立的"国家土地公园"①）土地管理制度、自然生态环境土地管理制度；包括国家国土空间安全管理制度、国际土地合作制度（由国家间合作项目所涉及制定）、国家土地利益获取与割让制度（国家间交战行为产生的交战利益）等一切与土地权利相关的制度与契约。因此，土地制度的设计，一定是与国家的道路选择、国家的根本政治制度的选择密不可分的，它是国家基础制度中的重要根基。

为什么说坚持走中国特色社会主义道路、坚持公有制是中国土地制度的本质特征？

为了全面理解两个"坚持"原则，文中引述马克思、恩格斯、列宁、毛泽东和习近平同志分别关于科学社会主义的理论来源、发展路径、马克思主义中国化及其新发展所做出的系统性阐述。我们从中不仅可以看到马克思主义学说的精辟论述，还能够深刻体会到马克思列宁主义在中国新形势下的不断坚持、发展、继承、创新的最新成果。

马克思最早对社会主义的产生做出了具有开创意义的科学阐述。马克思指出，它不是在它自身基础上已经发展了的，恰好相反，是刚刚从资本主义社会中产生出来的，因为它在各方面，在经济、道德和精神方面都还带着它脱胎出来的那个旧社会的痕迹②。这个刚刚从资本主义脱胎出来还带着旧社会痕迹的社会制度，马克思称之为共产主

---

① 国家土地公园：是以国家土地制度的历史变革为主线，通过高科技的场景展示，帮助游客全情融入中国历史浩瀚的长卷之中，切身感受社会与制度的进步。它是"以党史教育为核心的爱国主义基地"，它是原创型的"主题教育"旅游公园。

② 中共中央编译局. 马克思恩格斯全集. 北京：人民出版社，1986：21.

义社会的第一阶段或低级阶段，即社会主义。

马克思指出，社会主义阶段的生产资料已经不是个人的私有财产。它们已经归全社会所有。社会的每个成员完成一定份额的社会必要劳动，就从社会领取一张凭证，证明他完成了多少劳动量。他根据这张凭证从消费品的市场储存中领取相应数量的产品。这似乎"平等"就实现了①。实则不然，马克思极富远见地阐述了在共产主义社会的第一阶段还不能做到公平和平等，是因为富裕程度的不同而会制造出不公平来。但是人剥削人已经不可能了，因为已经不能把工厂、机器、土地等生产资料攫为私有了②。

对于社会主义公有制的阐述，恩格斯在他论住宅问题的著作（1872）中作过这样的精辟论述，由劳动人民实际占有劳动工具和全部工业，是同普鲁东主义的"赎买"办法完全相反的。如果采用后一种办法，单个劳动者将成为某一所住宅、某一块农民田地、某些劳动工具的所有者；如果采用前一种办法，则劳动人民将成为全部住宅、工厂和劳动工具的集体所有者。这些住宅、工厂等，至少是在过渡时期未必会毫无代价地交给个人或协作社使用。同样，消灭土地私有制并不要求消灭地租，而是要求把地租（虽然是用改变过的形式）转交给社会。所以，由劳动人民实际占有一切劳动工具，无论如何都不排除承租和出租的保存③。

马克思和恩格斯在他们创立科学社会主义学说之初，便将选择走社会主义道路与确立公有制作为两项必须坚持的原则确定下来。这不仅为以后社会主义的实践指明了方向，更为科学社会主义的理论发展

---

① 中共中央编译局. 马克思恩格斯全集. 北京：人民出版社，1986：21.

② 同①21.

③ 同①252.

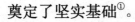

奠定了坚实基础①。

列宁以他领导的俄国社会主义革命的亲身实践，丰富和发展了马克思主义国家学说，对于推动马克思主义关于社会主义事业的发展做出了重大贡献。列宁直接指明，把生产资料转归全社会公有（通常所说的"社会主义"）是建立社会主义制度的重要标准②。他甚至谆谆教诲后继者，还需要国家在保卫生产资料公有制的同时来保护劳动的平等和产品分配的平等③。

**列宁关于发展社会主义事业和建立公有制标准的理论，对于今天继续坚持走社会主义道路的中国而言，具有启示意义。**

毛泽东对中国未来如何坚持走社会主义道路问题，更是明确地告诫道，中国的经济，一定要走"节制资本"和"平均地权"的路，决不能是"少数人所得而私"，决不能让少数资本家、少数地主"操纵国民生计"，决不能建立欧美式的资本主义社会，也决不能还是旧的半封建社会④。这些论断，对中国今天的实践，仍具指导意义。

在中国的所有制的选择问题上，毛泽东明确地指出，要在未来的中国建立社会主义公有制，必须实施"大银行、大工业、大商业，归这个共和国的国家所有"；必须做到"在无产阶级领导下的新民主主义共和国的国营经济是社会主义的性质，是整个国民经济的领导力量"；必须采取必要的方法，实施"平均地权"的方针⑤。

**毛泽东以他领导的中国社会主义革命和建设事业的伟大实践，丰**

① 宋健坤. 国家土地银行. 北京：中国财政经济出版社，2013：4.

② 同①4.

③ 中共中央编译局. 国家与革命. 北京：人民出版社，2001：91.

④ 毛泽东. 毛泽东选集. 北京：人民出版社，1964：639.

⑤ 同④639.

富了马克思主义理论宝库，奠定了中国走社会主义道路和建立公有制的理论与制度基础。

为了实现社会主义事业的长久发展，习近平同志借鉴其他社会主义国家兴衰成败的历史经验和教训，结合中国实际和国际时代新特征，创造性地提出了通过"全面依法治国"和"促进国家治理体系和治理能力现代化"①，来巩固坚持走中国社会主义道路这一崭新的重大理论。

习近平同志指出，全面推进依法治国，总目标是建设中国特色社会主义法制体系，建设社会主义法治国家。他对此作出了精辟的阐释，在中国共产党领导下，坚持中国特色社会主义制度，贯彻中国特色社会主义法治理论，形成完备的法律规范体系、高效的法制实施体系、严密的法制监管体系、有力的法制保障体系，形成完善的党内法规体系，坚持依法治国、依法执政、依法行政共同推进，坚持法治国家、法治政府、法治社会一体建设，实现科学立法、严格执法、公正司法、全民守法，促进国家治理体系和治理能力现代化。其思想核心是"以制度巩固道路，坚持走中国特色社会主义道路。"

为了坚持和完善公有制制度，习近平同志指出，坚持和完善公有制为主体、多种所有制经济共同发展的基本经济制度，关系巩固和发展中国特色社会主义制度的重要支柱②。究竟什么是更科学、更合理的所有权结构？关键要看其是否坚持了公有制；是否有利于国家稳定；是否有利于生产力提升；是否有利于保障全体公民的根本权益。习近平同志强调，必须毫不动摇巩固和发展公有制经济，坚持公有

① 习近平. 关于《中共中央关于全面推进依法治国若干重大问题的决定》的说明［EB/OL］（2014-10-28）. http://www.gov.cn/2014-10/28/content_2771717.htm.
② 国务院新闻办公室会同中央文献研究室、中国外文局. 习近平谈治国理政. 北京：外文出版社，2014：78.

制主体地位，发挥国有经济主导作用，不断增强国有经济的活力、控制力、影响力。他提醒全党，如何更好体现和坚持公有制主体地位，进一步探索基本经济制度有效实现形式，是摆在我们面前的一个重大课题。其思想核心是"以制度完善公有制，走中国特色社会主义道路。"

习近平同志提出以制度巩固道路、以制度完善公有制来坚持走中国特色社会主义道路的理论发现，是马克思主义关于科学社会主义理论的道路选择之后，在制度坚守与制度创新方面做出的又一卓越贡献，极大丰富了马克思主义理论。

我们从马克思、恩格斯、列宁、毛泽东，以及习近平同志关于科学社会主义理论的历史性、系统性、科学性、创新性的阐述中，深切感受到，在中国"坚持走中国特色社会主义道路、坚持公有制"这两项根本原则的特别意义在于：它不但经历了艰辛的继承与坚守，更是在经历了国际风雨考验后的坚韧的发展与创新。

"坚持走中国特色社会主义道路、坚持公有制"这两项根本原则，不仅是中国政治制度的本质特征，也是中国现代社会制度的本质特征。它是中国未来进行任何社会制度设计与改革都必须遵循的根本原则。这两项根本原则，同样是中国土地制度的本质特征。

## 2.3  公有制在理论上的内涵

公有制对于一个国家或地区的公民而言，从本质上讲是资源共享权问题，即所在国或地区是否承认并给予全体公民获得公平的国民待遇问题。土地资源是资源中的重要组成部分，资源价值既然具有共享

**权，土地资源价值理应因其具有共享权而为全体公民共享①。**

已然明确土地资源价值因其具有共享权而为全体公民共享，那么我们就应该在公有制的原则下，对全体公民的共享原则进行新型理论建立与制度设计（第 5 章专门阐述）。

马克思和恩格斯指出，公有制要求生产资料不能是归个人所有的私有财产，应该是全社会所有。列宁直接指明，建立公有制的重要标准是必须把生产资料转归全社会公有。毛泽东更是进一步阐述为，在中国建立公有制，必须将生产资料收归国家所有；必须做到以国营经济作为主要经济形式，来领导整个国民经济。

中国在"八二宪法"中明确规定，中华人民共和国的社会主义经济制度的基础是生产资料的社会主义公有制，即全民所有制和劳动群众集体所有制。

我们在理论与宪法的成果中已达成的共识是：公有制必须建立在生产资料全部归全社会公有的制度基础上；管理国家生产资料的制度载体必须是国家所有制。存在的异议是：在公有制的制度基础上为何要保留"农村集体所有制"？这个问题需要理论阐明。

首先，在中国必须坚持走中国特色社会主义道路、坚持公有制这两项根本原则。坚持这两项根本原则，既符合中国现代社会制度的本质特征，也满足中国未来进行任何社会制度改革与设计的需要。因此，在中国未来社会政治制度的设计与实践过程中，必须做到以公有制作为主要载体，去历史性的贯穿、承载、容纳和消化各个时期的阶段性的制度成果。

其次，在中国农村必须长期坚持集体所有制。坚持农村集体所有制的长期性是由中国特定的国情决定的。中国有近 5.5 亿农民，农业

---

① 宋健坤. 资源空间学. 北京：国防大学出版社，2011：58.

生产力水平相对较低，土地制度因长期实行"家庭联产承包制""同地不同权制"等让土地使用效率处于碎片化和土地价值处在被动性输送状态，农业经济因所承担的社会成本巨大而效益低下。但是，随着国家生产力水平的整体提升和国家财富的增加，尤其是国家治理体系和治理能力现代化进程的加快，中国农民的利益一定会尽早纳入"全体公民共享资源"的统一平台之中。届时，中国农村集体所有制制度，必将融于公有制的体制中而最终退出历史舞台。

最后，在中国必须坚持以制度完善公有制。习近平同志提出以制度完善公有制，这为中国未来社会制度的设计指明了新的方向。中国坚持走中国特色社会主义道路、坚持公有制这两项根本原则，必将使中国的制度优势充分彰显出来，它将突出体现在公有制的利益分配原则上。

必须承认，我们过去过多强调坚持公有制原则的意义，却长期忽略建立在公有制原则下利益分配的公平性机制的问题。

公有制原则下的利益分配机制，主要体现在国民待遇必须具有的两项基本权利上：一是国家为了争取国家与全体公民利益所支付的国民投入在整个国民收入中的占比；二是全体公民或全体公民中的部分群体所享利益在整个国民收入中的占比。前者是保障基本国民待遇的权利问题；后者是存在国民待遇未均衡的权利问题。

对于基本国民待遇的权利问题，全体国民基本未有异议。对于存在国民待遇未均衡的权利问题，主要有两方面意见：一是在政府或国有经济平台中工作的公民，享有高于一般公民的国民待遇问题；二是在广大农村生活和工作的公民，享有低于一般公民的国民待遇问题。

这是中国当前实际存在的"在公有制原则下利益分配的公平性与共享性机制"尚待完善的问题。因此，我们必须在理论上突破禁区，完善"公有制"的内涵。

公有制是建立在社会主义制度基础上、以国家所有制作为主要形式且拥有全体公民的公平性和共享性分配机制的经济所有制。

坚持"以制度完善公有制",不仅成为今后中国政府"以人为本、服务为民"的基本实践内容,还必须成为推进中国未来制度现代化进程中的核心内容。

# 第3章

# 土地价值原理

本章的核心是系统阐述土地制度必须服务于国家的市场化结构。这是实现国家土地资源价值最大化的先决条件，也是进行土地制度设计的又一大基本前提。

基于土地制度的国家属性、全民属性、市场属性三大基本属性建立起的土地价值原理，深刻揭示出国家市场化结构模式选择与土地资源价值最大化问题。这两个问题，是国家亟待解决的重大基础理论问题。

## 3.1　土地制度的三大基本属性①

从中国历史沿革与国际经验中凝练出的土地制度的国家属性、全民属性、市场属性三大基本属性，其内涵是土地因承担国家巩固政权的责任使其资源具有国家属性；土地因担负国民平均地权的重托使其效益具有全民属性；土地因承载人类繁衍生息的使命使其效率具有市场属性。

---

① 宋健坤. 国家土地银行. 北京：中国财政经济出版社，2013：5.

**1. 资源上的国家属性是根本原则**

该原则是对国家政权的根本保障。它的抗风险性最强，实现土地制度的国家属性，能从制度上确保继续坚持走中国特色社会主义道路；它是实现国民平均地权的根本保障，实现土地国家所有制，能满足广大公民要求国家土地的收益尽快实现全体公民共享的诉求；它是对改革创新的积极维护，实现土地制度的国家所有制，能在土地制度企稳而使整个社会保持稳定的前提下去有效推进深层次的现代制度改革而不至因变生乱。

**2. 效益上的全民属性是终极原则**

该原则充分体现土地所有权人的权益。通过建立土地新型制度，让土地溢价效益按年度结算，实现将土地溢价利益"直补"给农民作为其保障性收入；通过建立土地新型兑付机制，让土地增值效益按年度结算，实现将土地收益按年度一次性"直付"给农民；通过完善公有制，让"土地价值的利益分配制度"实施，实现将土地增值利益"拨付"给全体公民。这是我们追逐了数个世纪的真实的中国梦。

**3. 效率上的市场属性是核心原则**

该原则是对土地使用权多年来存在"封闭+混乱"问题的纠正。只有优化市场结构，充分发挥市场在资源配置中所起的决定性作用，才能在市场均质化发展中，使土地效率更具有市场属性；只有理顺土地所有权与使用权的关系，才能将"蛋糕"不断做大；只有建立土地价值的利益制衡制度，才能彻底斩断借土地发不正当之财的渠道。

土地制度的三大基本属性，已经成为中国制定土地制度必须遵循的核心原则。更重要的是，我们据此发现了土地价值原理。

## 3.2　土地制度的基本原理

土地价值原理[①]：以最优方式将土地制度三大基本属性置于独立的封闭性土地资源运营平台中，通过土地资源与金融资源的价值耦合实现土地资源价值最大化。

土地价值原理在资源理论体系中占有重要地位，我们将该定义命名为土地资源理论的第一法则[②]。

建立土地价值原理的宗旨是实现土地资源价值的最大化。该原理以实现资源价值为基础，在完成价值耦合、"三大基本步骤"之后，方能最终实现土地资源价值最大化。

资源价值被赋予"土地资源理论的第一本质特征"（第 5 章专门阐述），其作用是其根植于它输入并转化为经济要素后在经济单元系统内部所执行的本职功能。其功效是以其作为物质载体使资源要素融合后产生的新生主体所呈现出的彰显功效和价值增值的属性。土地资源本身属于大资源范畴，兼有资源的彰显功效与价值增值两大属性。因此具有资源价值的本质特征。这是实现土地价值原理的基础。

价值耦合机理（第 7 章专门阐述）是指土地资源与金融资源发生价值耦合而产生连续作用于两者间的作用力，该作用力进而成为动力去促进并生成一个具有增值效应的新价值体。这是因为土地资源在与金融资源发生价值耦合后，其相互间的作用力促使两者在运动过程中结成一个运动体，这个运动体在形成过程中，促使土地资源实现最优化的市场化配置，进而产生了价值的增量行为。以此增量行为做动

---

① 宋健坤. 国家土地银行. 北京：中国财政经济出版社，2013：5.

② 同①5.

力，最终形成一个推动价值增量的新价值体。

三大基本步骤包括：

（1）确立土地制度的国家属性，使其具备抗风险性最强、土地资源利用效率最高化的基本功效；

（2）确立土地制度的全民属性，使其具备公平性最好、土地资源收益全民分配最大化的基本功效；

（3）确立土地制度的市场属性，使其具备均质性最佳、土地资源市场化配置最优化的基本功效。

成功完成上述三大基本步骤，才能当国家实现抗风险性最强和土地交易成本最低化时，实现土地资源利用效率的最高化；才能当公有制度更趋完善且独立的封闭性土地运营体系和直接兑付给全体公民的分配制度建立时，实现土地收益全民分配的最大化；才能当有约束的市场化结构模式建立和使国家全境实现均质化发展时，实现土地资源市场化配置的最优化。

在充分实现资源价值的基础上，做到价值耦合机理与三大基本步骤同步实施，才能让构成土地价值原理的三大子系统集合成集，才能通过系统化的努力，最终实现土地资源价值最大化[①]。

下面将通过模型来证明该原理。

**1. 模型设定**

为了使土地价值原理的理论更加直观，我们建立起一个空间立体示意图来表达其逻辑框架。根据土地制度的三大基本属性和一个封闭性平台的关系，我们选取"标准球体内接金字塔"模型作为基本模型。球体代表了封闭运营的独立平台，该平台是建立在土地制度的三大基本属性的支撑之上。如图 3-1 所示。

---

① 宋健坤. 国家土地银行. 北京：中国财政经济出版社，2013：5.

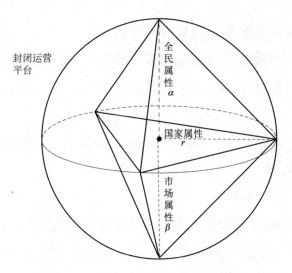

图 3-1　标准球体内接金字塔模型

标准球体内接金字塔模型代表了一种稳定的总量表达方式，能够更好地将系统与元素相结合。由此证明：一种运营制度的形成，存在固定的边界，制度的运营存在不可避免的摩擦和成本，制度的发展可以拓宽成长的边界。

**2. 基本系数**

图 3-1 模型中的三个基本系数分别为以下三种。

（1）国家属性系数 $r$：球体内金字塔底面所在圆的半径。代表土地因承担国家巩固政权的责任使其资源具有国家属性。

（2）全民属性系数 $\alpha$：上方金字塔的高。代表土地因担负国民平均地权的重托使其效益具有全民属性。

（3）市场属性系数 $\beta$：下方金字塔的高。代表土地因承载人类繁衍生息的使命使其效率具有市场属性。

**3. 系数关系**

三个系数中，国家属性系数是基础系数，决定了运营平台的基本边界；全民属性系数建立在国家属性系数基础之上；而市场属性系数

21

建立在国家属性系数和全民属性系数之上[①]。

国家属性的演进涉及制度调整，都具有空间的伸缩性。半径（$R$）为理想值，国家属性（$r$）为过程值。

三者的关系可以表述为：

$$R \geqslant r \geqslant \alpha, \quad R \geqslant r \geqslant \beta$$

### 4. 系数依据

1）国家属性系数

国家属性的确定取决于选择在何种所有制基础上建立国家土地银行，是维持当前的土地制度，还是实施全面的私有制，或者建立产权统一的国家土地所有制制度。

在图 3-2 模型中，我们将"标准球内接金字塔模型"的底面简化为只与产权制度选择有关系的三角形。当该三角形为圆内接三角形，且形状为等边三角形时面积最大，即当 $r=R$ 时其底面积 $S$ 为：

$$S = \frac{3\sqrt{3}}{4} r^2$$

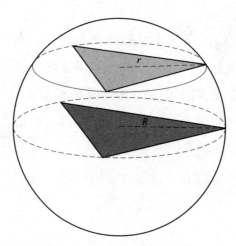

图 3-2　国家属性的最大化

① 宋健坤. 国家土地银行. 北京：中国财政经济出版社，2013：5.

通过本模型和第 4 章论证认为：建立产权统一的国有土地制度，有助于使国家实现抗风险性最强和土地交易成本最低化，这是实现土地资源利用效率最高化的制度性保障，也是国家属性的最大解[①]。

2）全民属性系数

全民属性系数的大小取决于采取何种分配方式，是寡占方式，或者随机方式，还是全民方式。

在图 3-3 模型中，当全民属性系数与封闭体系的半径最为接近时，全民利益最大化。这时 $\alpha$ 接近于 $R$，且 $\alpha > \alpha'$，此时球内接上方金字塔的体积最大。

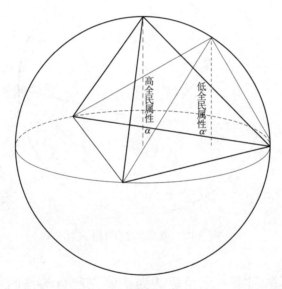

图 3-3　全民属性的最大化

通过本模型和本书第 5 章论证认为：建立起独立的封闭性土地运营体系和直接兑付给全民的全体公民分配制度，有助于使国家实现土地资源收益分配的公平性与均衡化，这是实现土地收益全民最大化的

---

① 宋健坤. 国家土地银行. 北京：中国财政经济出版社，2013：5.

制度安排，也是全民属性的最佳解①。

3）市场属性系数

市场属性系数的大小取决于采取什么样的市场组织形式，是拒绝市场化，或者完全市场化，还是建立有约束的市场化结构。

在图 3-4 模型中，当市场属性系数与封闭体系的半径最为接近时，市场效率最大化。这时 $\beta$ 接近于 $R$，且 $\beta>\beta'$，此时球内接下方金字塔的体积最大。

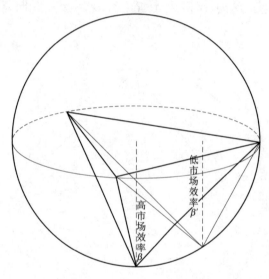

图 3-4　市场属性的最大化

通过本模型和第 6 章论证认为：建立起有约束的市场化发展模式，有助于使国家的全境实现市场功能完备与均质化发展，这是实现土地资源市场化配置最优化的制度选择，也是市场属性的最优解②。

**5. 模型求解**

根据模型的设定，可以得出土地制度设计所代表的双塔的体积

① 宋健坤. 国家土地银行. 北京：中国财政经济出版社，2013：5.
② 同①5.

*V*，表示如下：

$$V = \frac{\sqrt{3}}{4} r^2 (\alpha + \beta)$$

其中：$R \geqslant r \geqslant \alpha$，$R \geqslant r \geqslant \beta$。

结论：当市场属性系数 $\beta$ 趋近于 *r*，$\alpha$ 趋近于 *r*，而 *r=R* 时，*V* 趋近于最大。这就意味着，当全民属性向国家属性看齐，市场属性向全民属性靠拢时，土地制度的三大基本属性所创造的价值趋近于最大。也就是说，建立起有约束的市场化结构模式是中国市场化结构模式的最优选择[①]。

## 3.3　市场化结构的最优选择

**1. 西方是典型的"有约束的市场化结构模式"[②]**

以美、英国家为代表的西方发达国家，在市场化结构模式选择上，一直掌控着自己的话语权。它们坚称自己选择的是没有约束的、完全市场化结构模式。事实绝非如此，西方发达国家在市场化结构模式选择的进程上，表现出鲜明的"周期性"特征。

以最近 40 多年的实践为例，从 20 世纪 70 年代末开始，英国首相撒切尔夫人、美国总统里根等西方领导人，纷纷开启"去国营化"闸门，实施所谓的"完全市场化结构"。一时间，东、西方国家群起效仿，迅速将市场化制度推至"无约束"境地，终于在 2008 年酿成了一场波及全球、造成巨大经济损失的金融危机。至此，美国又迅速重启"国家化"，由国家投入巨量资金给企业以稳定国家经济，其结

① 宋健坤. 国家土地银行. 北京：中国财政经济出版社，2013：5.

② 同①5.

果是国家干预的"有约束"市场化结构模式又重新回归西方社会。

由此上溯至 20 世纪 30 年代的世界经济危机前期，当时西方世界正盛推完全市场化结构模式。但是随后发生的影响深远的全球性经济危机，打碎了它们原有的设想。临危之际，美国总统罗斯福迅速放弃"没有约束的""完全市场化结构模式"，大胆选择国家干预的市场化结构模式，终于将美国经济重新拖回到正常轨道。这使凯恩斯主义得以盛行。所以在西方理论界，无论是被称之为"凯恩斯主义"，还是被叫作"国家资本主义"，其实质都是在不折不扣地实施有约束的市场化结构模式。

从本质上讲，西方发达国家如果没有已经确立的、有约束的市场化结构模式的存在，就根本不会为其后发生的那种放任式的、有周期性特征的制度实践提供任何可供操作的实践空间。

事实表明，西方社会所谓高度发达的市场化结构模式，既不是随机选择方式，也不是完全市场化方式。它在市场化结构模式上表现出的周期性特征，恰恰证明西方发达国家的市场化结构是典型的有约束的市场化结构模式。

**2. 中国必须建立"有约束的市场化结构模式"**

中国在市场化结构模式的选择上，表现出鲜明的"两边倒"特点。

新中国成立以后至改革开放初期的近 30 年间，主要表现是拒绝市场化模式，选择和长期实施"计划模式"，出现了第一个"一边倒"的时期。在此之后相当长的一段时期，理论界仍有相当一部分人固执地保持着对计划模式的偏爱。然而，这其间也不乏理论界对市场化结构模式的坚韧探索和不懈追求。

中国实施改革开放政策四十多年以来，理论界群起争鸣，在舆论助威下，又出现了第二个"一边倒"的时期：力图迫使中国全面倒向"完全市场化结构模式"。这股来自理论界的吵闹之风，刮了四十多年，至今不歇，其中不乏国际势力的参与。

一个国家究竟应该选择和实施什么样的市场化结构模式，这关系到该国家的主权。

从一般意义而言，市场化结构模式的选择与普通制度的选择决然不同。它必然与该国家的道路选择相一致，必然与该国家的国体、国情相吻合，它是回答未来"中国选择走什么样的路"的具体体现。对此，绝对不能趋炎附势、混淆视听。

从战略而言，中国已明确到 2035 年基本实现国家治理体系和治理能力现代化[①]。这将对国家未来发展产生重大而深远的影响。在此进程中，国家同样面临社会经济发展模式的重新定位。这两大战略任务的叠加，均指向市场化结构模式的选择，足见其事关重大。

**土地价值原理，从理论上科学揭示出"中国建立功能完备、体系健全、国家主导、多类协作的有约束的市场化结构模式"的必要性。建立这一模式完全符合中国社会主义市场经济的本质特征与制度要求，是中国市场化结构的最优选择[②]。**

下面的三章，本书将对土地制度的三大基本属性，即国家属性、全民属性、市场属性，按独立的章节进行科学系统的论证。

---

① 习近平. 中国共产党第十九届中央委员会第四次全体会议公报［EB/OL］（2019-10-31）. http://www.gov.cn/xinwen/2019-10/31/content_5447245.htm.

② 宋健坤. 国家土地银行. 北京：中国财政经济出版社，2013：6.

# 第4章

# 土地制度的国家属性

本章的核心是系统阐述土地制度的国家属性问题。本章将通过丰富的史料，详细阐述中国土地制度为何具备这一基本属性？它所秉承的基本职责是什么？它反馈给我们的基本要求又是什么？

研究认为，中国土地制度的国家属性赋予它两大基本职责：维护国家政权稳定和控制国家的土地收益权。这两大职责使其秉承了抗风险性最强、土地资源利用效率最高化的基本功效。它反馈给我们的基本要求是必须保证土地所有权人责任到位。

## 4.1 维护国家政权稳定

国家属性的核心价值在于其能够坚定维护国家的政权稳定。要想深刻认识维护国家政权的稳定问题，首先应该搞清楚制约实现土地资源价值最大化的最大障碍是什么？只有通过分析它们之间存在的内在联系，才能看清楚历史上为何中央政权都要加强对土地的控制力。只有这样，才能深刻领悟土地制度的设计对于维护国家政权稳定的特殊意义。

### 4.1.1　制度性约束是实现土地价值最大化的最大障碍

土地资源价值最大化①从土地收益层面上讲，是土地资源在制度约束下实现的地租效益最大化或每单位土地的最高地租收益之积。

德国早期经济学家、边际效用理论的奠基人戈森在《人类交换规律与人类行为准则的发展》一书中，对于如何实现土地资源价值最大化进行过系统而科学的阐述。他认为，土地只有实行国有化才能使土地资源价值实现最大化。

戈森说，为了实现土地资源价值最大化，在克服诸多障碍之后，所剩最大障碍是人们不能任意地在整个地球表面上为经营自己的生产寻求最有利的场所。这是因为实行土地私有制，事情便常常完全地由个人的一己之见所决定，不管他是否愿意将属于他的一块土地提供于或建设为最合理的生产部门。一个众所周知的事实是这种固执己见导致在生产经营活动中必须实行征用法②。

戈森认为解决的方法是如果全部土地财产都属于社会，社会将其中每一块土地都交给那些乐于支付最高租金的人用于生产，那么，上述弊端就可以按最合乎理想的方式加以消除。他进一步阐述道，根据著名的交换规律，劳动量本身越大，它所创造的价值也就越大。因此，在其他条件相同的情况下，如果个人获得了为此可以支付最高租金的生产场地，社会在大多数情况下都能得到好处。因此，如果成功地发现了一种方法，由此可以找到靠一块场地而持续不断地支付最高租金的个人，并且除此之外还能成功地使社会获得全部土地财产，那么上述障碍便可以消除。为此，他认为，国家应将为获得和改善合理地用于生产的土地所需要的全部资金提供承租人支配，使生产者和土地牢

---

① 宋健坤. 国家土地银行. 北京：中国财政经济出版社，2013：5.

② 戈森. 人类交换规律与人类行为准则的发展. 北京：商务印书馆，2000：264.

固地联系起来，若没有巨大的价值损失便不能分开[1]。

戈森根据个人利用土地于生产的基本原理，即只有承租人才能够决定应该生产什么，而政府只能在专家评估的基础上对他们的计划理性的提出异议，在任何情况下都不能损害出租的这一基本原理。进行科学而严谨地论证并得出如下结论，按照个人利用土地于生产的这一基本原理，应该达到两方面的结果：一方面，那种能够持续地付最高租金的人应随时可以获得用于生产的土地，应付租金也要尽可能如数地缴纳；另一方面，每个人都能作为竞争者出现。因此，消除这一最后障碍仅仅取决于国家是否获得全部土地财产[2]。

戈森通过边际效用理论证明，实现土地资源价值最大化必须排除制度约束这一最大障碍，实行土地国有化。戈森采取实证分析的方法，论证了土地资源实行国有化不仅能够带来土地效益的提高，甚至足以支付国家收购私人土地的成本。

戈森说："如果我试图通过一些图表加以说明，那么对象的重要性就更有说服力了。此外，我之所以详细地做这些，是因为对持续发挥作用的力量的日益提高的作用获得一个明确的看法，对于判断交往关系具有极其重要的意义。"[3]而为了证明这种看法，最合适的途径就是研究能计算出各种力量在同样时间内发挥作用的不同程度的图表。首先应该建议政治家们对这种日益提高的作用取得最明确的看法，因为只有这样才能对他们的措施进行正确的判断。表 4-1 说明：当全部年剩余资金都用于清偿购买土地费用时，通过租金的增长清偿购买费用是如何成为可能的。其中，$n$ 表示自购买以来的年数，$A$ 表示每个时期开始时应偿付的购买费用，$zA$ 表示每年的年终应支付的利息，

---

① 戈森. 人类交换规律与人类行为准则的发展. 北京：商务印书馆，2000：265.
② 同①265.
③ 同①278.

$a(1+z')^n$ 表示同一时期赚得的租金， $a(1+z')^n - zA$ 表示可用于清偿资本的数额。

表 4-1 清偿购买土地费用

| $n$ | $A$ | $zA$ | $a(1+z')^n$ | $a(1+z')^n - zA$ |
|---|---|---|---|---|
| 0 | 100 000 | 4 000 | 4 000 | 0 |
| 1 | 100 000 | 4 000 | 4 040 | 40 |
| 2 | 99 960 | 3 998 | 4 080 | 82 |
| 3 | 99 878 | 3 995 | 4 121 | 126 |
| 4 | 99 752 | 3 990 | 4 161 | 172 |
| 5 | 99 580 | 3 983 | 4 204 | 221 |
| 6 | 99 359 | 3 974 | 4 246 | 272 |
| 7 | 99 087 | 3 963 | 4 288 | 325 |
| 8 | 98 762 | 3 950 | 4 331 | 381 |
| 9 | 98 381 | 3 935 | 4 374 | 439 |
| 10 | 97 942 | 3 918 | 4 418 | 500 |
| 11 | 97 442 | 3 898 | 4 462 | 564 |
| 12 | 96 878 | 3 875 | 4 507 | 632 |
| 13 | 96 246 | 3 850 | 4 552 | 702 |
| 14 | 95 544 | 3 822 | 4 598 | 776 |
| 15 | 89 768 | 3 791 | 4 644 | 853 |
| 16 | 93 915 | 3 757 | 4 690 | 933 |
| 17 | 92 982 | 3 719 | 4 737 | 1 018 |
| 18 | 91 964 | 3 679 | 4 784 | 1 105 |
| 19 | 90 859 | 3 634 | 4 832 | 1 198 |
| 20 | 89 661 | 3 586 | 4 880 | 1 294 |
| 21 | 88 367 | 3 535 | 4 929 | 1 394 |
| 22 | 86 973 | 3 479 | 4 978 | 1 499 |

续表

| n | A | zA | $a(1+z')^n$ | $a(1+z')^n - zA$ |
|---|---|---|---|---|
| 23 | 85 474 | 3 419 | 5 028 | 1 609 |
| 24 | 83 865 | 3 355 | 5 078 | 1 723 |
| 25 | 82 142 | 3 286 | 5 129 | 1 843 |
| 26 | 80 299 | 3 212 | 5 180 | 1 968 |
| 27 | 78 331 | 3 133 | 5 232 | 2 099 |
| 28 | 76 232 | 3 049 | 5 284 | 2 235 |
| 29 | 73 997 | 2 960 | 5 337 | 2 377 |
| 30 | 71 620 | 2 865 | 5 390 | 2 525 |
| 31 | 69 095 | 2 764 | 5 444 | 2 680 |
| 32 | 66 415 | 2 658 | 5 498 | 2 841 |
| 33 | 63 574 | 2 543 | 5 553 | 3 010 |
| 34 | 60 564 | 2 423 | 5 609 | 3 186 |
| 35 | 57 378 | 2 295 | 5 665 | 3 370 |
| 36 | 54 008 | 2 160 | 5 722 | 3 562 |
| 37 | 50 446 | 2 018 | 5 779 | 3 761 |
| 38 | 46 685 | 1 867 | 5 837 | 3 970 |
| 39 | 42 715 | 1 709 | 5 895 | 4 186 |
| 40 | 38 529 | 1 541 | 5 954 | 4 413 |
| 41 | 34 116 | 1 365 | 6 014 | 4 649 |
| 42 | 29 467 | 1 179 | 6 074 | 4 895 |
| 43 | 24 572 | 983 | 6 135 | 5 152 |
| 44 | 19 420 | 777 | 6 196 | 5 419 |
| 45 | 14 001 | 560 | 6 258 | 5 698 |
| 46 | 8 303 | 332 | 6 321 | 5 989 |
| 47 | 2 314 | 93 | 6 384 | 6 291 |

由此可知，当 $n$ =47，剩余=3 977；当 $n$ =48，[纯]收入=6 488；……

从表 4-1 中首先可以得出两点结论：一是清偿购买费用在 47 年内完成，政府从那时起保持对全部租金的自由支配；二是这种收入的提高对生命期有限的私人来说，与无限期存在的国家相比，其价值又是多么微小"[①]。

戈森通过实证分析得出著名的**戈森地租理论**[②]：**国家能够以它优惠的条件从私人那里购买土地，以至它后来可以通过地租的提高赢得一笔用来偿还购买费用的基金。**

土地资源体现的价值，从自身而言就是地租价值。它与地租时间、地租价格的年度上涨率、为承租人提供资本、承租人用于生产的融资成本等因素密切相关。

评估土地资源价值的意义，不仅有利于对土地资源自身价值进行判断，更有利于通过对国家与私人的土地财产价值经过不同的土地所有权制度的比较，得出实现土地资源价值最大化的路径选择[③]。

**戈森通过实证方式对国家与私人持有土地财产的价值进行评估证明，国家拥有土地的价值明显高于私人拥有土地的价值。这证明，制度性约束是实现土地资源价值最大化的最大障碍，只有实行国有土地制度才能实现土地资源价值最大化。**

科学的阐述让我们清楚地看到，实现土地资源价值最大化的真正障碍和实现途径。对于历史经验详尽地剖析，让我们进一步看清土地制度的历史演进逻辑。

---

① 戈森. 人类交换规律与人类行为准则的发展. 北京：商务印书馆，2000：278.

② 同①278.

③ 宋健坤. 国家土地银行. 北京：中国财政经济出版社，2013：5.

### 4.1.2 土地制度与社会生产力相适应则中央政权稳定

中国古代历史的长河中承载着众多的土地制度。其中对社会经济发展有着重要影响的土地制度有井田制、名田制、王田制、屯田制、占田制、均田制、租佃制等。土地制度的发展史清晰地显示，土地制度与国家政权稳定息息相关，它始终处在稳定国家政权的中心位置上。正所谓"水能载舟，亦能覆舟"。中央政权的稳定与否，都与土地制度是否顺应时代要求紧密相关。

每一次朝代的更替，无不与土地相关。从历史经验看，土地制度一旦背离实际，不但在客观上造成经济的迟滞发展，还会对社会产生颠覆性破坏。正因如此，土地制度成为历朝历代统治者内心深处时刻谨记的头等大事，成为不同时期统治者励精图治、以求与时俱进的动力。因此，土地制度的设计，不仅要适应社会生产力的发展要求，更要起到稳定国家政权的作用。

**1. 井田制**

井田制是中国历史上最早的农地制度。它萌芽于部落联盟共同耕作的原始社会末期，经历夏、商两代的漫长发展，成熟并完善于周代。井田制的经营方式是奴隶的集体劳动。

关于井田制的记载，较早且完备的内容存在于《孟子》中描述："方里而井，井九百亩，其中为公田。八家皆私百亩，同养公田；公事毕，然后敢治私事，所以别野人也。"井田是以方块为形共九百亩的耕地，由八家共用一"井"耕种，每家各占私田一百亩，中间一百亩为公田。八家先要在公田上耕作，以缴纳"助"的劳役地租，而后才能耕作自家私田。

周宣王时所有公田实施"彻"法，"彻"即征收田赋之意。"助"与"彻"是两种不同的公有土地配授办法，前者有公田，后者无公田。

"助"法以八家农户为单位，集体配授农地；"彻"法以每个农户为单元，个别配授农地。

井田制度时期的王朝，在法理上拥有天下所有土地。虽有公私田之分，但私田并非是自由转让或买卖的私人生产资料，受封者对于井田只有使用权而无私人所有权。所以准确地讲，井田制是由原始社会末期部落联盟性质的农地制度伴随国家的建立而演进成为长期存在于奴隶制社会时期的具有奴隶制土地国有制性质的村社农地制度①。

井田制的鼎盛时期在西周，它集土地管理、使用和赋税功能于一体，其土地国有制性质在功能上得到了进一步增强。这一制度的建立，对当时生产力发展起到了很大的促进作用，成为奴隶制国家依托其实施统治的主要制度②。

**2. 名田制**

到了春秋中期，贵族领主开始狂热追求私田，公田日渐荒废，国家岁入难以为继，纷纷实施土地制度改革，取而代之的是名田制。其中最具代表性的是商鞅实施的一系列改革。

商鞅辅佐秦国孝公时先后两次推行变法。第一次变法在公元前356年实行，变法的核心目的在于鼓励发展农业生产。变法特别奖励军功，规定官职和待遇的高低取决于军功，并按军功奖励土地，激励作用明显。商鞅在公元前350年实行第二次变法，涉及土地、度量衡和推行县制等内容。在土地方面，废除井田，开阡陌封疆③，鼓励开辟荒地，推行土地私有制，国家承认土地私有，允许自由买卖，按照土地多寡征收赋税。这使得古老的井田制被彻底废除，贵族领主们世

---

① 宋健坤. 国家土地银行. 北京：中国财政经济出版社，2013：5.

② 同①10.

③ "阡陌"是指1 000亩和100亩田头上田界。"封疆"是指田界上的封土堆。商鞅"开阡陌封疆"的"开"字有两层意思，一是破除旧时的田界，二是设立新的田界。

袭土地的所有特权随之消亡。

商鞅变法是战国时期一次较为彻底的封建化变法改革运动，推动了奴隶制社会向封建制社会转型，促进了社会的进步和历史的发展。通过改革，秦国废除了旧的制度，建立起以封建土地私有制为基础的新制度。新型土地制度的建立，调整了生产关系，使秦国经济得到了快速发展，加上土地作为军功奖励，极大地激励了将士，使得秦国迅速成为战国七雄中实力最强的国家，为后来秦国统一天下，奠定了坚实的基础。

名田制开创了古代中国历史上土地私有制的先河。但是，土地私有制不可避免地加速土地的兼并，引发了巨大的社会矛盾。西汉时期，豪强大量兼并土地，对中央政权的统治构成了直接威胁，加之后来国家不再以军功授田而开始以金银实物为赏赐，名田制慢慢消失。尽管有许多仁人志士提出了改进意见，如贾谊提出"割地定制"的主张，即按分封等级来规定相应的土地，严禁强夺、超占土地，但依然无法改变名田制彻底消亡的命运。

**3. 王田制**

为了缓解西汉末期因土地兼并和农民奴隶化所导致的巨大社会矛盾，王莽掌握最高权力后，强力推行以抑制土地兼并为手段，以打掉政敌经济基础为直接目的，以实现巩固自己新生政权为最高目标的王田制。

王田制的核心内容是：建立土地国有制，规定土地收归国有，禁止买卖土地，限定男丁不过八口的家户所占土地不得超一"井"，对无地农户按"一夫一妇受田百亩"的标准授予土地进行耕作。

由于国家当时处于内部矛盾激化阶段，强行实施土地收归国有，必然引起贵族和大地主利益集团的强烈反抗。加之改革措施不得力、改革内容超越现实、"吏奸"改革急于求成等原因，使得这场意在解决土地兼并问题的改革在实施不到三年就失败了。王田制虽然失败了，但是它为后来的改革者提供了宝贵的经验和启示。

**4. 屯田制**

屯田制是指利用士兵和农民垦种荒地，以取得军队供养和税粮。屯田分为军屯和民屯两种。军屯是由士兵屯垦；民屯则由政府招募流亡农民，按军事编制组织起来进行屯垦，民屯要分不同情况按比例向官府交纳收获物，但他们不再负担兵役。

屯田制最早实行于西汉，当时主要是为了戍边和保证军需。汉文帝时，大臣晁错就曾建议"徙民实边"。汉武帝时，赵充国建议"屯田於边防，戍卫与垦耕并顾"。曹魏政权成立后，大力整合军屯与民屯，在各地设立田官专门负责屯田。屯田制确立后，逐步成为国家政权钱粮收入的来源，同时也解决了屯田军民本身的生计，为统一北方提供了物质条件。在此之后，蜀、金、宋、元、明、清初的屯田制，都是与当时的主流土地制度并存的制度。

屯田制是中国封建制度下的土地国有制度，屯田民只有土地使用权，没有土地所有权，具有"兵农合一"的性质。屯田制的推行，安置了大批流亡农民，有利于稳定社会秩序，缓和社会矛盾，促进农业生产的恢复和发展。

**5. 占田制**

占田制是西晋时期推行的通过限制贵族和官吏占有劳动力人数来实现限制其多占田亩的土地制度。

西晋太康元年（公元 280 年）颁布的"占田令"规定"以名占田"，其中"名"分为王室、官员及平民三种。占田制确认了贵族和官吏多占田亩的特权，又按品级限制其占有土地十顷至五十顷不等，从而确认与保护了他们的既得利益；农民和佃客也允许获得一定数量的土地，但是佃客的土地所有权归其主人所有。此外还设置了荫客制，规定了贵族和官吏庇荫佃客的人数；废除屯田制，将民屯的土地给予农民，并以课田法课税。

限田思想历来在士大夫阶层中存在，直至西晋时期才正式发展成为占田制。最早在汉武帝时期，董仲舒提出"限民名田，以澹不足，塞并兼之路"的主张，后孔光等人将其具体化为"吏民名田皆毋过三十顷"①。允许农民占有、开垦无主荒地，有利于扩大耕地面积，推动农业生产。

占田制表明，为了保证政府的财政收入，国家对地主占有的土地与劳动力进行限制，对占田的对象、所占亩数、所交赋税均有详细规定，确保土地的控制权掌握在国家手中，土地制度具有国家所有制的属性②。该制度的确立、逐步完善和推行，对于当时社会及之后中国封建社会土地制度的建立，起到了稳定与示范作用。

### 6. 均田制

北魏太和年间（公元485年）实施均田制。均田制在占田制基础上完善而成，它变消极的限田为向贵族、官吏和农民授田，在其后的北齐、北周和隋唐时期，一直都沿袭了这一制度。

北魏时期的均田制规定，土地分为露田、麻田、桑田和公田四种，十五岁以上男子可以得到一定数量的田地，其中只限桑田可在一定数量范围内进行买卖。此外，新定居的民户，每三口人得到一亩地建筑屋舍，对老少残疾和寡妇守志者还有特殊优惠的规定。这些内容使得均田制相比占田制，无论是在内容上还是在实施措施上又都前进了一步。

唐初人口锐减，土地大片荒芜，为恢复农业生产，实行了均田制。按《旧唐书·食货志》记载："凡天下丁男，给田一顷，笃病废疾，给田四十亩，寡妻妾，给田三十亩，若为户，加二十亩。所授之田，十

---

① 王景新. 中国农村土地制度的世纪变革. 北京：中国经济出版社，2001.

② 宋健坤. 国家土地银行. 北京：中国财政经济出版社，2013：5.

分之二为世业，八余为口分。世业之田，身故则为户者授之，口分则收入官，更以给人。"是以"有田则有租，有家则有调，有身则有庸①。"

均田制虽然部分土地允许买卖，但是土地基本上控制在国家手中，土地属性为国家所有制，这使均田制成为中国封建历史上最为有效和周密的农地制度②。唐代中期，随着土地激烈兼并、大量农民破产、户籍混乱情况的发生，国家对土地的控制力日渐衰竭，可分配土地日益减少。均田制最终伴随唐王朝灭亡而崩溃。

均田制让农民分得了一定数量的土地，将农民牢牢束缚在土地上，成为国家的编户，同时维护了地主的基本利益，促进了北方经济得以恢复和发展，对巩固封建经济以及缓和社会矛盾都起到了非常重要的作用。因此均田制是中国历史上较为重要的一种土地制度。

### 7. 租佃制

租佃制作为土地制度始于北宋初年，一直实行至明清时期。租佃制的基本内容：地主将土地租佃给佃农耕作，契约期满后，佃农按照规定可以自行决定离开或继续签订新的契约。租佃制使得佃农对地主的人身依附关系逐渐减轻，上缴固定的地租也大大提高了佃农的生产积极性，促进了封建经济的发展。宋代，土地买卖和转移加快，中小土地主增加，官田已不再是主要的土地占有形式，大多数土地被大官僚、大地主兼并占有，形成私田③。

宋朝政权为了取得地主利益集团的支持，把宋朝之前实施的抑制兼并土地的政策改为鼓励并保护地主兼并土地的政策。到 1033 年，全国 70%～85%耕地被大官僚、大地主占有。宋朝法律规定，盗种公

---

① "租"为田亩税，粟 2 石，"庸"是力役，服役 20 天，"调"为布帛，每年每户输绢 2 丈、绵 3 两（或布 2 丈 4 尺、麻 3 斤）

② 宋健坤. 国家土地银行. 北京：中国财政经济出版社，2013：5.

③ 李用兵. 中国古代法制史话. 北京：商务印书馆，1996.

私田者，要受到笞刑或徒刑的处罚。至此，宋朝租佃制彻底改变了封建土地制度走势，将土地制度由国家控制的国家所有制为主的土地性质，改变为由大地主控制的土地封建私有制。这一制度在之后的封建社会中长期推行①。

到了明清时期，在南方商品经济发达地区，租佃制得到了进一步发展，永佃权制度开始流行。永佃制是指佃农可以永久租种某块土地的权利。它将土地的耕作所有权与耕作使用权分离得相当彻底，称土地的耕作所有权为田底权，称土地的耕作使用权为田面权。租佃者不仅可以长期使用这块土地，还可以将田面权进行出售、抵押和典当。永佃制是中国土地制度演进史中出现的一种重要的产权制度。

永佃权制度的实行，标志着"土地收益分配权制度"在中国封建制社会的土地历史上首次出现并开始制度化。永佃制让佃农捆绑土地收益并允许土地收益分配权进行交易。这一制度性的安排，弱化了农民对封建地主的人身依附关系，大幅度提高了佃农的生产积极性，促进了封建社会晚期资本主义萌芽状态下的新型土地生产关系的形成。但是，它同时促进了土地兼并的大规模发生，激化了社会矛盾，使整个社会蕴藏在两极分化后的巨大危机之中。明、清租佃制推行的时期，正是中国封建社会土地私有制发展的高峰期。

### 4.1.3　土地兼并与反兼并斗争反映出国家对土地控制权争夺

在中国封建社会历史上，土地的兼并与反兼并一直存在着尖锐的斗争。这种斗争表现为土地的国有制与私有制的所有权的属性之争，其实质反映出国家对土地控制权的争夺。应该讲，历史上每一次朝代的更迭都与国家对土地控制权力的丧失有直接关系。

---

① 宋健坤. 国家土地银行. 北京：中国财政经济出版社，2013：5.

中国古代土地制度的发展史，充分彰显出中国土地制度的国家属性：土地制度的设计和实行与中央政权的稳定或瓦解存在着密切联系。商鞅变法对名田制的推行，截留了中央政权及直属权力职能的财政来源，增加了地方诸侯国的财富，削弱了中央王朝的实力，是直接瓦解中央政权统治的制度性因素。王田制在社会矛盾处于尖锐时期推行，非但未能缓解结构性矛盾，反而促使两极分化加剧，最终导致中央政权迅速瓦解。

名田制和王田制是中国古代土地兼并与反兼并两个浪潮的起始点：唐朝以后历朝历代的土地制度基本都是沿着修正兼并与反兼并的历史轨迹前行。

面对土地兼并问题，此后所有朝代大都尝试过各种反对土地兼并的改革，其中较为成功的是西晋时期的占田制，主要是通过限田的方式来实现反兼并。但是在中国封建土地所有制的历史上，只要允许大地主的拓展趋利行为，土地兼并就必然要发生。

中国古代土地制度的历史证明，中央政府、大地主和自耕农这三者间的博弈是推动中国土地制度演进的动力[1]。

在长期的中国封建社会中，土地国家所有制与大地主的土地兼并与自耕农的土地自保之间一直存在着制衡与反制衡、抗争与反抗争的激烈斗争。这种力图使土地资源持有者之间实现相对平衡的努力，一旦因中央政府对国家土地资源的控制力减弱，土地国家所有制就会因失去强有力的政治保护屏障而失效；一旦因大地主加大了土地兼并行为甚至乘势大肆打破业已失衡的社会结构状态，中央政权的统治即刻因其丧失对土地资源的控制力而迅疾崩溃。历史在不断地重复这一记忆[2]。

表 4-2 为不同时期重点土地制度的比较。

---

① 宋健坤. 国家土地银行. 北京：中国财政经济出版社，2013：5.
② 同①14.

表4-2　重点土地制度比较

| 时期＼内容 | 原始社会末期——夏—商—周 | 春秋战国——西汉 | 西汉末年 王莽改制 | 西晋——东晋 | 北魏、唐中期 | 宋、明清 |
|---|---|---|---|---|---|---|
| 制度名称 | 井田制 | 名田制 屯田制 | 王田制 屯田制 | 占田制 | 均田制 | 租佃制 屯田制 |
| 土地所有制性质 | 国家所有制 | 国家所有制＋大地主土地兼并土地＋自耕衣耕衣弱势 | 国家所有制 | 国家所有制＋大地主土地兼并＋自耕农弱势 | 以国家所有制为主 | 大地主控制土地＋国家所有＋自耕农弱势 |
| 主要内容 | 田，分公田—私田，每家各占私田一百亩，中间一百亩为公田。八家先在公田上耕作，缴纳劳役地租，而后才能耕作自家私田。 | 按户籍计口授田，同时按军功大小分封不同的爵位和不同数量的土地 | 限定男丁不过八口的户所占土地不得超过"井"，对无地农户按"一夫一妇"受田百亩"的标准授予土地 | 通过限制贵族和官吏有劳动力人数未实现限制其多占田亩；国家对占田的对象、所占亩数、所交赋税均有详细规定。将占田、荫客制度合法化 | 向贵族、官吏和农民授田，均按一定标准获得土地 | ●地主将土地租佃给佃农耕作，契约期满后佃衣按约规定上交地租，并可以自行决定离开或继续签订新的契约 ●永佃权制度实行，标志土地收益权在封建制社会开始础藏化 |
| 消亡原因 | ●贵族领主追求私田土地 ●商鞅变法"废井田" | ●豪强大量兼并土地 ●国家可授土地减少 | ●改革措施不得力，改革内容超越现实 ●损害大量贵族阶级利益，政权不稳，控制力弱 | ●实质是保护门阀士族利益。特权阶层门阀势力壮大，西晋统治阶级内部长期争权，引起"八王之乱" ●自耕农沦为荫客，阶级矛盾激化 ●流民不断起义 | 唐代中期，土地激烈兼并，大量农民破产，战乱下户籍混乱，国家对土地的控制力表离，可分配土地日益减少 | 两极分化后蕴藏巨大社会危机 |
| 土地买卖 | 禁止 | 允许 | 禁止 | 允许 | 限制。贵族官僚可以买卖永业田和赐田，百姓可以买卖口分田 | 允许 |

对执政者而言，关注的焦点不应仅限于土地制度的设计是否方便实施，应重点关注它是否可能带来失控的风险，尤其关注它能否会对国家政权稳固产生不可逆转的影响[①]。

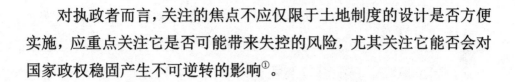

## 4.2　控制国家土地收益权

### 4.2.1　土地收益权争夺是中国土地历史的本质特征

从土地税赋改革的角度梳理中国古代土地制度发现，中国土地历史演进的核心是对土地收益权的争夺。土地收益权的争夺史，构成了中国土地历史的本质特征。

土地制度与土地兼并与土地收益权之间有着直接联系。由于"重农抑商"思想长期影响中国封建统治者的政策取向，因此获取财富的手段一直聚焦在土地收益权上。尽管土地兼并与反兼并斗争的焦点是国有制或私有制的所有权制度，但其深层次的斗争目的则是通过扩张土地经营规模的方式来追逐更高土地收益。这一残酷追求土地收益的斗争，贯穿中国封建社会长达两千余年的历史。中国土地的历史，实质是一部土地收益权的争夺史[②]。

应该讲，就历史上传统农业经济而言，控制土地收益权对于国家意义重大，它不但是中央政府财政的主要来源，还是国家以社会财富再分配的方式纾解与平衡社会矛盾的重要调控手段[③]。

土地收益分配制度的变革，通常发生在三个特定时期。一是立

---

① 宋健坤. 国家土地银行. 北京：中国财政经济出版社，2013：5.

② 同①5.

③ 同①14.

朝建国初期，依靠政治优势强势推行土地综合制度的建立。例如，北魏孝文帝改革，在颁布均田令的同时推行租调制。二是立朝建国中期，因土地收益分配引发的社会矛盾出现尖锐化，凭借政治优势的保障力量推行土地收益权制度的改革，以期实现国家政权的稳定。例如，唐朝中期推行的两税法改革。三是朝代残存末期，变革多在社会矛盾极端尖锐且官吏贪功好进之时推进，此时推行土地制度的新政，常常因遭到大地主、大官僚的强大阻力而被迫夭折，如王安石变法。

以史为鉴，在中央政权控制力强大时推进土地制度改革，尤其是土地收益权制度变革，会因强有力的政治保障而取得成功。实施措施不同且结局迥异的土地制度改革，成为断代史的试金石[①]。

### 1. 鲁国：初税亩制

初税亩制是按土地亩数征税的田赋制度。春秋时期鲁宣公十五年（公元前594年），鲁国为了增加收入，规定不论公田、私田，一律按田亩收税，方法是"公田之法，十足其一；今又履其余亩，复十取一。"在实行初税亩田赋制度前，鲁国施行按井田征收田赋的制度，私田不向国家纳税。实行初税亩田赋制度后，对公田征收收成的十分之一作为税赋，对公田之外的份田、私田根据其实际亩数，再征收收成的十分之一作为赋税。这意味着占有土地者均需缴税，从而大大增加了国家的税赋收入。

初税亩制从律法的角度承认了土地私有制，是土地私有化的开始。通过土地生产关系的变革，使其更加适应当时生产力的发展，是促进中国历史从奴隶制社会迈向封建制社会的关键一步。初税亩制作

---

① 宋健坤. 国家土地银行. 北京：中国财政经济出版社，2013：15.

为土地私有制下赋税制度的最初形式，使财富分配方式发生了显著改变，劳动者切实体会到了劳动带来的收益，激发起生产积极性，这在当时的社会条件下是一种比较有效的制度措施。

鲁国之后，楚国、郑国、晋国等诸侯国也纷纷效仿实行初税亩制。初税亩制削弱了各采邑的实力，使诸侯国的地位更加稳固，进一步瓦解了中央政权的统治基础。

### 2. 北魏：孝文帝改革

北魏冯太后、孝文帝时期（公元 485 年）颁布均田令，推行均田制，在均田制的同时颁布了与之密切联系的三长制和租调制。

三长制的内容是建立和完善北魏时期政府的基层行政组织，负责检查户口、征收租赋、征发徭役和兵役、推行均田制。三长制的推行，健全了地方基层政权的职能，取代了宗主督护制，有效保证了国家对人民的控制。因此，三长制是保证国家获取土地收益权的行政组织。租调制规定，一对夫妇每年要向政府缴纳一定数量的租调。它改革了原来赋税征收存在的混乱秩序，使农民负担大为减轻，改善了农民的生产、生活条件，提高了农民的生产积极性。

### 3. 唐朝中后期：两税法

两税法是唐德宗时期（公元 780 年）由宰相杨炎提出、以敕诏颁布的税制。两税法彻底改变了自战国以来以人丁为主的赋税制度，使古代赋税制度由"舍地税人"向"舍人税地"方向发展，这在中国封建社会的赋税制度史上是一次重大改革与进步。

两税法规定，取消"租庸调"及各项杂税的征收，保留户税和地税；量出制入，政府先预算开支，中央以公元 779 年各项税收所得钱谷数，作为户税、地税的总额分摊各州；贵族、官僚、商人都要交税；由征收谷物、布匹等实物为主的租庸调法，改为征收金钱为主，一年分夏、秋两季两次征税，所以这种新税制被称为两税法。

两税法的实施有其特定历史背景。唐朝中期，土地兼并日趋严重，失地逃亡的农民剧增，农民逃亡后政府却责成邻保代纳"租庸调"，迫使更多农民逃亡，租庸调制很难继续执行。两税法实施后，扩大了税源，增加了政府的财政收入，直到明代末年实施一条鞭法之前的八百年间，两税法一直都是历代封建王朝沿用的基本税制。但是两税法不限制土地兼并，这为加剧两极分化埋下隐患。

### 4. 北宋末年：王安石变法

王安石变法是指宋神宗时期（公元 1069 年）由宰相王安石提出，以敕诏形式颁布，旨在以土地制度改革来实现富国强兵目标的国家综合制度改革。变法包括均输法、青苗法、免役法（又称募役法）、市易法、方田均税法、保甲法、将兵法等。

王安石变法制定和颁布方田均税法。该法分"方田"与"均税"两部分。"方田"是每年九月由县长组织土地丈量，将土地按肥瘠划分五等；"均税"是以"方田"丈量的结果为依据，制定税数。

王安石变法是在北宋当时社会矛盾日趋激化情况下的被迫选择。北宋自建国初年采取"不抑兼并"的态度，地主大肆兼并和隐瞒土地，致使富者有田无税、贫者负担沉重，导致三分之一的自耕农沦为佃户。至北宋末期连年的自然灾害造成各地农民暴动频繁。统治者试图通过变法，清查出豪强地主隐瞒的土地以增加国家财政收入。但是该法严重损害了大官僚、大地主的利益，遭到他们强烈反对。地方政府对新政执行得不当，偏离了政策设计的初衷，引起了百姓的不满，最终随宋神宗的病亡而告终。

### 5. 明朝后期：一条鞭法

"一条鞭法"是明代嘉靖时期（公元 1581 年）由内阁首辅张居正提出并推广到全国的赋税及徭役改革制度。

"一条鞭法"的主要内容：清丈土地，扩大征收面，使税赋相对均平；统一赋役，限制苛扰，使税赋趋于稳定；计亩征银，官收官解，使征收办法更加完备。

"一条鞭法"把明初以来分别征收的田赋和力役（多种力役：包括甲役、徭役、杂役、力差等）合并为一，总编为一条，并入田赋的夏秋两税一起征收。

"一条鞭法"改变了以往"赋"和"役"分开征收的制度，实现了征税"标的"的统一。这说明封建国家对土地的重视已超过了人口，这在中国封建历史上具有积极意义。在唐朝以前征税，基本上都是征收实物，唐朝推行的两税法虽征收以货币计算，但缴纳仍折实物；宋朝征税偶有折银；元朝科差仍为谷粟实物；唯自明朝"一条鞭法"实行以后，一律改征折银，这有利于农业商品化和资本主义萌芽的产生。但是征税"标的"的统一，并未实现征税"标准"的统一。这一任务在清朝的税负改革中得以进一步完善。

### 6. 清朝初期：摊丁入亩

摊丁入亩是清朝雍正元年（公元1723年）在全国推行的赋役制改革。它承袭了明末的"一条鞭法"，完成了自唐代"两税法"以来赋役并征制度的改革，是中国封建社会最后一次赋税制度改革。

摊丁入亩规定，在以康熙五十年的人丁数为固定丁数的基础上，推行"摊丁入亩"的办法，把丁税平均摊入田赋中，征收统一的地丁银。至此，丁、田并征的双轨制征税机制正式确立。

摊丁入亩改革是在激烈斗争中强制推行的，只对拥有土地者征收固定的土地赋税，废除人头税，征收标准的统一和程序简化，让地多者多纳、地少者少纳、无地者不纳，实现了人身依附关系的减弱，土地赋税负担相对平均合理。因此遭到拥有大量土地的地主、豪绅们的激烈反抗和破坏。但是广大农民却拥护它，因此人口数量和国家收入实现快速增长，奠定了"康乾盛世"的经济基础。据统计，到雍正末年，国库结余白银由康熙末年的 800 万两增加到 6000 多万两。

## 4.2.2 土地收益权制度改革是中国土地制度变革的重心

土地收益分配制度的建立，从表面看是土地收益的计税方式、收税标准与缴税方式的制度确立，其实质是国家与大地主利益集团之间在土地收益权上的博弈与切分。

土地计税方式经历了从"赋"和"役"分开征收，到并役于赋、人头税归于土地税的双轨制征税的历史进程；土地收费标准从以人丁为准，向以土地为准转变；缴税方式由征收谷物、布匹等实物为主，改为"折钱纳物"，以征收金钱为主的"两税法"，再到彻底改征折银的"一条鞭法"，促进了商品经济的发展。

国家与大官吏、大地主利益集团在土地收益上的角逐，关乎国家政权的稳定。例如，在西晋的占田制下，课田法使地租比曹魏时多了一倍，但是由于世族免交税赋，国家税收实由编民齐户承担。这就逼迫广大农民转荫至大地主名下。其结果是被荫庇下的农民只需向荫庇者交租，最后导致政府税收短缺。

土地历史证明，国家权力层面一旦因土地收益权角逐失控必招致毁灭性结果，获利者必迅疾将土地收益权转化为奋不顾身去觊觎皇权的经济基础[①]。

表 4-3 为主要土地赋税制度比较。从中可以看到土地赋税制度的演进。

---

① 宋健坤. 国家土地银行. 北京：中国财政经济出版社，2013：15.

表 4-3　重点土地赋税制度比较

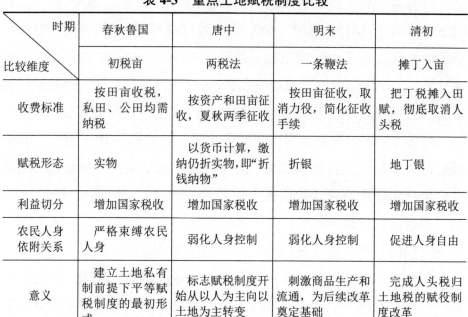

| 时期<br>比较维度 | 春秋鲁国<br>初税亩 | 唐中<br>两税法 | 明末<br>一条鞭法 | 清初<br>摊丁入亩 |
|---|---|---|---|---|
| 收费标准 | 按田亩收税，私田、公田均需纳税 | 按资产和田亩征收，夏秋两季征收 | 按田亩征收，取消力役，简化征收手续 | 把丁税摊入田赋，彻底取消人头税 |
| 赋税形态 | 实物 | 以货币计算，缴纳仍折实物，即"折钱纳物" | 折银 | 地丁银 |
| 利益切分 | 增加国家税收 | 增加国家税收 | 增加国家税收 | 增加国家税收 |
| 农民人身依附关系 | 严格束缚农民人身 | 弱化人身控制 | 弱化人身控制 | 促进人身自由 |
| 意义 | 建立土地私有制前提下平等赋税制度的最初形式 | 标志赋税制度开始从以人为主向以土地为主转变 | 刺激商品生产和流通，为后续改革奠定基础 | 完成人头税归土地税的赋役制度改革 |

# 4.3　土地所有权人必须到位

## 4.3.1　土地制度的国家属性为人类共有

中国古代土地制度的丰富历史，镌刻着土地制度的深刻内涵：土地制度与国家长治久安及经济繁荣密切联系。在中国奴隶制和封建制社会的历史上，具有土地国家属性的制度存在时间累计超过 2500 年。该制度始终处于国家政权制度的核心位置，发挥着重要的"稳定器"作用[①]。

---

① 宋健坤. 国家土地银行. 北京：中国财政经济出版社，2013：15.

具有奴隶制土地国有制性质的井田制（约公元前 2100 年—公元前 221 年），其生命力长达 1800 多年，它在漫长的中国古代奴隶制社会的中央政权统治中发挥出独有的稳定作用。具有封建土地国家所有制性质的均田制（公元 280 年—公元 982 年），其存续时间长达 700 多年，它对稳定中国古代封建制的中央政权统治发挥着重要作用。

**中国 2500 多年土地国有制的历史表明，中国古代土地制度的选择依据并非单纯出自皇权思想，而是取决于被历史反复验证的"制度性约束是实现土地资源价值最大化的最大障碍"这一历史逻辑①。**

中国古代土地制度的选择说明，土地只有实行国有化，才能使土地资源利用效率最高，进而实现其价值最大化。

从世界范围看，各国土地制度的选择各具特色。然而，即便在西方社会也并非清一色地全都实行土地私有化制度。各国都是根据本国的国情制定适合本国特点的土地制度。例如，在美国目前的土地制度中有 32%为国家所有，其中 90%分布在西部的 12 个州；瑞典政府基于公共利益的需要，自 20 世纪初就一直推行土地国有化的政策，以制止在土地私有化制度下的土地垄断行为。

**面对"人多与地少"这一世界性难题，超越意识形态范畴去选择实行土地国有化制度已成为世界上越来越多国家的趋势性选择②。**

### 4.3.2　土地制度的国家属性展现历史趋势

习近平同志提出，健全国家自然资源资产管理体制是健全自然资源资产产权制度的一项重大改革，也是建立系统完备的生态文明制度体制的内在要求。他深刻指出，一些突出问题，一定程度上与体制不

---

① 宋健坤. 国家土地银行. 北京：中国财政经济出版社，2013：15.
② 同①16.

健全有关，原因之一是全民所有自然资源的所有权人不到位[①]。

土地所有权与土地收益权争夺是中国土地制度改革的核心内容。在土地所有权制度上表现为国家所有制与私有制之争，在土地收益权上表现为经营权与使用权之争。这些矛盾与斗争，伴随中国整部土地历史的发展演进，从未停歇。

在中国古代生产力极度落后的情况下，要实现土地收益的最大化，必须选择土地所有权与土地经营权的高度融合，这是封建统治集团与地主利益集团必然联手的内在原因。因此，想要大肆攫取土地收益价值的地主利益集团，必然主动"伸出手"去争取统治集团力量的帮助，方能"强制性"取得绝对数量的土地经营权，进而获取对土地收益的垄断利益。当这两者结为"大地主集团"之后，必然对国家权力进行捆绑，这将进一步严重蚕食和剥夺在客观上处于土地使用权地位的"农民集团"的应得利益。因此，土地历史得出这样的经验：中国土地历史上，大地主集团与农民集团长期处于不可调和的激烈对抗状态。这是人类社会在发展进步过程中由存量到增量、由静态到动态、由非公平走向公平的社会演进过程。这种对抗状态成为中国土地历史的又一个本质特征。

同盟会成员朱执信曾明确指出："吾辈之言土地国有，本指全土地言"[②]。这说明以孙中山为代表的资产阶级革命派关于"平均地权"所论及的土地国有政策的范围包括农村土地在内的全国土地。

毛泽东坚定地指出，未来中国的经济，一定要走"平均地权"的路。这是他为中国土地制度设计的明确原则，也是中国未来努力的方向，更是崇高的目标。要在中国真正建立起"平均地权"的土地制度，

---

① 国务院新闻办公室会同中央文献研究室、中国外文局. 习近平谈治国理政. 北京：外文出版社，2014：85.

② 辛亥革命央丛刊：第 4 册. 北京：中华书局，1982：21.

就必须让土地所有权人到位。这需要具备以下两个基本条件。

第一，生产力必须得到充分发展。毛泽东指出，"耕者有其田"，在这个阶段，建立的一般还不是社会主义的农业，但在"耕者有其田"的基础上所发展起来的各种合作经济，也具有社会主义的因素。这主要是因为中国经济还十分落后的缘故[①]。

新中国成立初期，国家生产力十分落后，农业产业整体尚处在以个体劳动力作为主要生产要素的小农经济社会的发展阶段，农业完全不具备全面实施规模化生产的生产力条件。在当时的历史条件下，土地资源承担不起国家经济高速发展的主体责任和满足广大人民群众的物质产品的需要，只能发挥其生活资料生产的有限能力以满足农民的"自饱"。中国土地制度在当时未能实现国有化，主要是落后的生产力条件制约所致。

生产关系的调整应该建立在与其相适应的生产力基础之上。新中国建立后的三十多年间，中国农村生产关系进行了高速度、多层级的调整，但这并未实现与期待相一致的经济效益。事实证明，低下的生产力水平无法适应调整后的生产关系，仅靠不断升级生产关系，并不能让低水平的生产力发挥出"跃进作用"。

第二，土地制度必须实行国有化。今天中国生产力的发展取得了大幅度提升，农业机械化正逐步成为农业经济发展的主要生产要素，开启了以信息化作为手段的智能农业的示范阶段。这就具备了将土地经营权、土地使用权及土地收益权从土地所有权这一主体上进行合理剥离的有利条件，即让土地所有权集中于国家，让土地经营权在监管之下行使权能，让土地使用权在市场起决定作用的环境下充分发挥作用，让土地收益权在合理机制下做到公平分配。

---

① 毛泽东. 毛泽东选集. 北京：人民出版社，1964：639.

对中国而言，土地所有权的"权属悬挂"问题长期存在，它是形成今天中国农村土地"同地不同权"和"同地不同价"问题的根源，是中国土地制度存在众多问题的症结所在。

　　面对国家今后将长期持续追加对农业投入的趋势，面对不断加大的源于"人多地少"的矛盾，面对土地收益应为全民分享却给农业持续反哺（实为给农民补贴）的状况，面对公众期待国家尽快实现土地收益全民分享的诉求陡然剧增的局面，中国政府已到了从宪法层面对国家土地所有权的主体性质进行调整的历史时间点。将土地所有权的权属升级为国家所有，实现土地所有权人到位，这符合全体公民的意愿和历史的发展趋势。

# 第5章

# 土地制度的全民属性

本章的核心是系统阐述土地制度的全民属性问题。我们将通过丰富的史料，详细阐述中国土地制度为何具备这一基本属性？它所秉承的基本职责是什么？它反馈给我们的基本要求又是什么？

研究认为，中国土地制度的全民属性赋予它两大基本职责：全民拥有资源共享权和激励国民追求平均地权。这两大职责使其秉承公平性最好、土地收益全民最大化的基本功效。它反馈给我们的基本要求是，必须做到土地所有权人共享权到位。

## 5.1    全民拥有资源共享权

全民属性要求全民拥有资源共享权。要认识清楚全民拥有的资源共享权问题，首先应搞清楚什么是资源？资源为什么具有价值和使用价值？只有搞清楚这两个问题，才能通过分析它们之间内在的必然联系来认识清楚全民拥有资源共享权的本质。

### 1. 什么是资源

资源是资源空间一个系统性的整体概念，是客观存在的由自然生态资源、经济增量资源、人文社会资源三大子系统在空间环境系统涵盖下构成的整体，是一切可被人类开发和利用的物质、能量和信息的总称，是由能够用来创造物质财富和精神财富、具有一定量的积累的要素结构系统构成的资源空间体系①。

资源系统的整体功能效益，不仅是三大资源子系统效益的简单代数之和，还是在一定的生态环境约束下由三大子系统发展的变量所代表的经济、社会、政治、文化、生态效益的综合表现，更是在各子系统优化的前提下使整个大系统达到科学与和谐的空间要素结构状态。

在人类经济活动中，资源系统是不断运动和变化着的。各种资源之间彼此相互联系、相互制约，每一种资源内部又有自己的子系统，从而构成一个结构复杂的空间要素结构体系。资源系统正是按照这样的规律在不断裂变、划分、重组，以致循环往复。

**2. 重新认识资源属性**

为什么要重新认识资源的属性？这是因为人们对资源的属性认识在相当长的时期内还存在着盲区，而且一直沿用着马克思的观点，认为"资源没有价值"。

马克思的劳动价值论认为，价值是凝结在商品中无差别的人类劳动，是由抽象劳动创造的。由于绝大多数自然资源是非人类劳动的结晶，因此资源没有价值。

人们据此习惯地认为，既然自然资源在理论上被认为是没有价值的，所以资源消耗可以不受经济规律约束，其结果是人们对自然资源的滥用。这样就产生了所谓的产品高价、原料低价和资源无价的现象。

马克思关于"资源没有价值"的理论，在一定程度上得到了世界范围的认同。目前在东西方国家的资产负债表中，均未将本国的自然

---

① 宋健坤. 资源空间论. 北京：军事科学出版社，2009：23.

资源列入表内[①]。这足以说明，马克思关于"资源没有价值"这一论断的深刻影响力。

马克思在运用劳动价值论分析自然资源价值问题时曾经明确指出，没有价值的东西在形式上可以具有价格，但在这里价格的表现是虚幻的[②]。这个时期的马克思仍然认为，由于自然资源没有凝结人类的劳动，因而没有价值。同时他坚信自然资源资本是有价值的，自然资源资本价值是通过另一种意义上的社会必要劳动时间实现的虚假的社会价值。由于时代的局限性，使得马克思对于资源价值缺少一个更加全面的阐述。

在新时代的背景下，我们有必要对资源属性问题进行结构性的科学分析。

**资源属性分为特殊属性和一般属性。客观存在的自然生态资源、经济增量资源和人文社会资源都具有各自的特殊属性。其一般属性均表现为内在属性和外在属性，这是一切资源都具有的共有属性。资源的内在属性决定其内在价值，表现为资源价值和资源使用价值，是资源价值和资源使用价值的内在表现；资源的外在属性决定其外在价值，表现为资源共享权和资源价值共享权，是资源价值和资源使用价值的外在表现[③]。**

由于对资源价值的认识在理论界长期存在盲区，虽有个别理论门派试图从自身角度加以研究探索，但是囿于学科边界，尤其是不敢有悖于前人的观点，所以到目前为止，对资源价值仍没有统一定义，从而导致无法全面深刻认识资源价值。为此，我们通过长期研究，对于资源价值发掘出新的认识。

---

① 宋健坤. 资源空间论. 北京：军事科学出版社，2009：10.
② 中共中央编译局. 马克思恩格斯全集. 北京：人民出版社，2009：120-121.
③ 宋健坤. 资源空间论. 北京：军事科学出版社，2009：24.

**3. 资源价值**

资源价值是资源要素或资源要素系统在其开发利用并由其带动经济与社会产生增量活动过程中实现的价值总值①。

资源价值作用究其本源，仍然是根植于它输入并转化为经济要素后在经济单元系统内部所执行的本职功能。资源的功效概源于以其作为物质载体使资源要素融合后所产生的新生主体所呈现出的彰显功效和价值增值的属性。它具有带动功效彰显和价值增值的特征②。

**资源价值具有的特殊特征，我们确定其为资源的第一本质特征。**

资源具有经济学意义上价值的本质特征和属性。价值属于历史行为范畴，是社会经济发展到一定历史阶段后的行为表现。经过人类行为的自然资源都包含着人类劳动，它实现了由非劳动产物向劳动产物的转变，并且已经被纳入到了整个社会化经济再生产之中。自然资源再生是自然资源再生产和社会化再生产过程的统一，它使整个现存的、有用的、稀缺的资源都表现为可直接生产和再生产的产品。这就是资源价值的历史行为过程③。

资源具有价值的属性，不仅表现在资源实现价值增值的行为过程中，还表现在资源对人类本身所具有的效用上。此外，资源本身还存在费用问题。所以从经济学意义上讲，人类的发展史就是人类生产和再生产资源的难易程度或消耗劳动的多少以及由资源带给人类效用大小的衡量过程④。

资源的多层面价值是在资源与经济发展的矛盾日益激化的阶段

---

① 宋健坤. 资源空间论. 北京：军事科学出版社，2009：24.

② 同①32.

③ 同①32.

④ 同①32.

分别体现出来的。在过去相当漫长的历史时期，人类的生产、生活主要是依靠大自然的恩赐，无须投入大量社会劳动就能满足人类的需求，且资源的供应依靠资源的自然再生产。随着人类行为的不断扩张和对资源需求的依赖，事先未受到人类劳动影响的自然资源越来越少，时至今日，整个生态系统已经成为人类从事经济再生产的行为化的"人化自然"[1]。

**4. 资源使用价值**

**资源使用价值是指资源要素系统能够满足人们某种需要的属性，是一切资源都具有的共有属性。任何物品要想成为商品都必须具有可供人类使用的价值；反之，毫无使用价值的物品是不会成为商品的，使用价值是商品的自然属性[2]。**

马克思主义政治经济学认为，使用价值是由具体劳动创造的，并且具有质的不可比较性。使用价值是交换价值的物质基础，和价值一起构成了商品双重性。使用价值反映了事物对于人类生存和发展所产生的积极作用。

资源使用价值是价值的基本形态，可分为生活资料使用价值与生产资料使用价值这两大类。

研究表明，不同类型的生活资料，分别满足人的不同层次的客观需要，分别形成不同层次的劳动潜能，分别服务于不同层次的劳动能力。人类的所有活动都是建立在基本的生物化学反应的基础之上，只有具备了基本的生物化学反应能力，人才能有更高级的行为和思维能力。生物化学反应总量可以用能量代谢量来计量，其使用价值可折算成食物能量。

在生产过程中，共同参与发挥作用的生产资料使用价值、劳动价

---

① 宋健坤. 资源空间论. 北京：军事科学出版社，2009：32.

② 同①33.

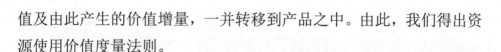

值及由此产生的价值增量，一并转移到产品之中。由此，我们得出资源使用价值度量法则。

**资源使用价值度量法则**：生活资料使用价值取决于个人劳动价值所等效的标准食物能量；生产资料使用价值取决于它的**最终转移出生活资料使用价值与折旧值的产品价值量**[①]。

**5. 资源共享权**

资源的外在价值是建立在人类所共享的资源载体之上的。这表明资源具有共享性，是人类的公共产品，具有公共使用属性。资源的外在属性决定其外在价值，带给人类资源共享权和资源价值共享权，主宰人类的生存和发展[②]。那么，什么是资源共享权？

**资源共享权是指由资源价值的属性决定的，由其自身具有的保障和促进人类生存与发展的性质和能力带来的，对持有和维护资源主权与资源共享权利发生义务关系的法定权利**[③]。

资源共享权概指一个国家或地区与生活在此的公民共同持有的主权、政权、人权和享有权。它包括支持该国家或地区在宏观战略决策上代表全体公民对国家政治、经济、社会、文化、军事等行为去行使授予、决策、执行、分配、处置、交战与交换（交战权的延伸）、赔偿、监管等权力。由此扩展并泛指主权国家或整个人类对于资源空间的共享权利。它具有显著的公平和共享的特征[④]。

**资源共享权具有的特殊特征，我们确定其为资源的第二本质特征。**

资源共享权由于受到主观与行为的左右，在世界范围始终遵循

---

① 宋健坤. 资源空间论. 北京：军事科学出版社，2009：33.

② 同①49.

③ 同①58.

④ 同①58.

"森林法则"驱赶"价值走向"的规则下,"资源的外在价值"自然被强权否认。前者是执行问题,后者是存在问题。没有"存在"何谈"分配"?

存在是第一要务。资源的存在对于人类而言是先天性的、被动性的选择。资源在全球范围内调剂余缺、互通有无,这原本是顺理成章、天经地义的事,但是在现实世界中却难以实行。审视当今世界,满目盛行的是资源为少数集团服务的价值法则,他们通过政治、经济乃至军事手段来达到其长期独占资源的目的。

资源对于人类而言具有共享性,它同人类文化遗产一样,是全人类共有的财富。但是这个观点,西方理论界长期不予承认,也被中国理论界长期忽视。

中国外交部长王毅在 2020 年 2 月 15 日第 56 届慕尼黑安全会议指出,人类社会已进入全球化时代,我们有必要摆脱东西方的划分,超越南北方的差异,真正把这个赖以生存的星球看作是一个生命共同体。我们有必要迈过意识形态的鸿沟,包容历史文化的不同,真正把我们这个国际社会看作是一个世界大家庭。因为面对全球化,挑战是共同的,责任是共同的,命运也是共同的。坚持多边主义,应当谋求共同发展。多边主义不认同一国优先,主张各国都享有平等发展权利。如果只有西方国家保持繁荣进步,西方以外的国家永远落后,不是在真正践行多边主义,也无法实现人类的共同进步。这是对资源共享权有力的诠释。

资源共享性带有双重特征。一方面,它带有被动性的选择特征,尽管存在不同的价值观、标准、领域、主体,但是在资源分配的被动性选择行为中,往往是控制方制衡被控制方;另一方面,它又带有主动性的选择特征,在对资源分配进行主动性选择行为中,一般是以市场、政治、抽签法和惯例等手段进行选择。这些手段在资源分配中发

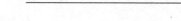

挥着不同的作用，但也存在明显的缺陷。

从本质上讲，资源共享权是一种制度设计，它所体现出的资源分配的制度性安排只是一种主观上的努力。它对于改变被动性选择与防范主动性弊端，仅能起到一定程度的弥补或矫正作用[①]。由此产生了深刻影响未来公共政策制定的资源共享权使用原则。

**资源共享权使用原则：（公共政策的出台）必须避免任何损害全体公民共享权利益的发生，必须避免在任何理由下非公允性资源价值的转让；一旦发生侵害全体公民共享权利益的行为，都必定会以全体公民的均等权益受到侵害作为代价来支付。**

资源共享权使用原则是对社会主义公有制理论的全面诠释，是各级政府推行公共政策时必须把握的"公尺"，是全民共享资源的"守护神"。随着公民意识不断增强，在公民对公共利益的分配日益敏感的未来社会里，如何更加公平、公开与合理的使用公共政策？如何更科学合理的分配全民性公共资源？这已成为各级政府在执行公共政策时必须时刻把握的重心所在。

**6. 资源价值共享权**

**资源价值共享权是指由资源价值的权力属性决定的，在国际化产业分工背景与市场结构化条件下，享有区域内全产业链均匀分配资源价值利益的权利。**

资源价值共享权在现代产业分工体系中具有特殊功能。它是推动区域经济实现均衡与可持续发展的"基础坐标"。只有当分工进行调整、需求发生改变、创新提升结构、垄断挤压利益等情况发生时，全产业链均匀分布价值的状况才会发生倾斜。它具有显著的"权力主导"与"利益再平衡"的特征。

---

① 宋健坤. 资源空间学. 北京：国防大学出版社，2011：58.

资源价值共享权具有的特殊特征，我们确定其为资源的第三本质特征。

国家或政府的责任就是要矫正非市场条件下的非均衡现象发生。如果在非市场条件下出现打破全产业链均匀分布价值的状况，必然挤压全产业链其他生产环节的所需合理资源，必然非理性地压缩其他生产环节的应得利益，必然造成其他生产环节的社会化生产技术改造升级的延迟。由此叠加传递，必然深刻影响整个国家全产业链的正常生产秩序的稳定与可持续竞争能力的提升。

因此，资源价值共享权理论成为国家有效把握实现土地资源价值最大化方向的基础工具（第8章专门阐述）。资源价值共享权是资源的外在属性，它与资源共享权一起，同为资源价值和资源使用价值的外在表现。

# 5.2　激励国民追求平均地权

全民属性激励国民追求平均地权。中国土地历史进入近代以来，"平均地权"思想闪烁着理想的光辉，成为激励中国历史上无数仁人志士前仆后继、为之奋斗的目标。

### 1. 太平天国：绝对平均思想

19世纪50年代，洪秀全领导的以农民为主体的太平天国运动爆发。这场运动波及17个省，历时14年，颁布《天朝田亩制度》作为建国纲领。

主要内容是：倡导全天下百姓都可以自由、公平地使用土地；追求有田同耕，有饭同食，有衣同穿，有钱同使，无处不均匀，无人不饱暖的理想社会；规定田地分九个等级，其田一亩，早晚二季，可出

一千二百斤者为尚尚田，其下顺次每低一百斤者，则降下一等……直
到每年可出四百斤者为下下田，即第九等；规定田地的配置方法凡分
田，照人口，无论男女，算其家人口多寡，人多则分多，人寡则分寡，
杂以九等。

　　《天朝田亩制度》提出"均贫富""等贵贱"和"均田免赋"等政
治主张，力图改变封建地主绝对占有土地的生产关系，激发了千百万
农民群众对土地的渴求，起到了动员民众参加太平天国运动的作用。
它设想建立全体百姓"绝对平均"地共同持有土地公有制制度[①]。这
种绝对平均制度是陷入空想和脱离实际的，加之军事上的失败和军政
权制度的缺陷，最终导致整个运动的失败。

　　**2. 辛亥革命：平均地权思想**

　　1911 年辛亥革命以后，资产阶级革命党的代表人物孙中山提出通
过建立资产阶级共和国来解决土地问题，以此克服太平天国提出的
《天朝田亩制度》设想中带有幻想和落后的内容，为资本主义生产力
的发展创造条件。

　　孙中山阐述了"土地国有"和"平均地权"的政治主张，认为土
地是自然物而不是人类劳动的产物，应当为社会所有，不应该归任何
人私有，只有实行土地国有才会消除革命后地主阶级不劳而获的现
象。土地国有能防止大资本家即垄断资本家的出现。他把资产阶级共
和国看作是代表全民的"民国"，认为土地国有就是为全体人民所有，
全体人民都有地权，那自然就是"平均地权"。这提法显然与封建土
地国有制有着本质的区别。

　　孙中山提出以"民国"的国体泛盖所有国民"民权"的主张，显
然是遗漏了其倡导建立的国体下的专制主体性质，人为压扁了生产关

---

① 宋健坤. 国家土地银行. 北京：中国财政经济出版社，2013：25.

系的实际高度[①]。不过，他把农民的土地问题与民主革命的前途联系在一起，提出了解决土地问题的纲领和措施，这一主张为以后的土地革命实践提供了宝贵的历史经验。

### 3. 土地革命：农民拥有土地

在中国长期的土地革命进程中，中国人民在中国共产党的领导下，一直艰辛探索人民实现"平均地权"的理想。而土地制度的变革始终都是土地革命的主要内容。由于中国共产党正确地制定了不同时期的土地政策，极大地动员和团结了广大人民群众投身伟大的革命事业中，为新民主主义革命最终取得胜利奠定了坚实的基础。

1927 年中国共产党在江西井冈山建立了第一块农村革命根据地。1928 年冬，中国共产党制定《井冈山土地法》，它是中国共产党制定的第一部土地法。1929 年 4 月，红四军在兴国颁发了《兴国土地法》，该法修改了《井冈山土地法》中的部分内容，把"没收一切土地"改为"没收公共土地及地主阶级土地。"

1929 年 7 月，中国共产党在上杭召开闽西代表大会，总结了闽西土地斗争经验，通过了《土地问题决议案》。决议规定：没收一切收租的田地山林，随即分配于贫农；自耕农的田地不没收；富农田地自食以外的多余部分，在贫农群众要求没收时应该没收；田地以乡为单位，按原耕形势，抽多补少平均分配。后来又提出"抽肥补瘦"的办法。

1930 年 2 月 7 日至 9 日，毛泽东在江西省吉安东固地区陂兴村（现渼陂村）主持召开军委联席会议，即"二七会议"。会议颁布了《土地法》，史称"二七"《土地法》。该法内容全面，结构完整，对土地的没收对象、没收内容、分配对象、分田数量标准、废除债务、缴纳

---

① 宋健坤. 国家土地银行. 北京：中国财政经济出版社，2013：25.

土地税等内容作出更为明确的规定。会议明确了土地革命的目的和任务，提出了按人头分配土地的原则和彻底土地革命的口号。

"二七会议"在中国革命史上占有重要地位。中国共产党武装夺取政权在经历了井冈山初创阶段的艰难探索之后，以本次会议为标志，正式确立了以"土地革命、武装斗争、政权建设"这一政治纲领的特定历史内涵的逻辑路径，奠定了中国共产党领导中国革命走向成功的新起点①。这次会议召开后，中国共产党极大地调动了广大贫苦农民梦寐以求分得田地、参加革命、建设革命政权的积极性，从此揭开了中国土地革命战争的新篇章。

1931 年 2 月，毛泽东在《给江西省苏维埃政府的信》中，首次提出了在中国建立"土地归农民所有"的制度。1940 年 1 月 9 日，毛泽东在《新民主主义论》中明确阐述，在新民主主义革命胜利后，这个共和国将采取某种必要的方法，没收地主的土地，分配给无地和少地的农民。推行耕者有其田的口号，扫除农村中的封建关系，把土地变为农民的私产。此后，逐步形成了一整套适应中国农村实际情况的土地革命路线。其基本精神是：依靠贫雇农，联合中农，限制富农，保护中小工商业者，消灭地主阶级，变封建半封建的土地所有制为农民土地所有制；分配的方法和原则是以乡为单位，按人口平均分配土地，在原耕地的基础上抽多补少，抽肥补瘦。

此后抗日战争和解放战争初期，尽管土地政策发生过较大调整，都没有影响土地制度改革的大方向。

1947 年 10 月 10 日，中国共产党在召开全国土地会议后，正式制定并颁布了《中国土地法大纲》。大纲规定：废除封建性及半封建性剥削的土地制度，实行"耕者有其田"的土地制度；地主的一切土地

---

由农会接收，连同其他土地，按全部人口统一平均分配，并且归个人所有。该法的缺点是，它没有规定农村划分阶级的标准，存在"平均主义"的问题，对待老区、半老区和新区的情况未加区别。该法的历史意义是，它消除了几千年封建土地剥削制度，使农民成为土地的真正主人，极大地解放了农业生产力，为中国人民的彻底解放，提供了强大的物质基础。

**4. 新中国成立以后：宪法层面下的制度调整**

中华人民共和国成立以后，在中国共产党的领导下，中国人民当家做了主人。中国土地制度也从宪法层面逐步确立起牢固的公有制的制度体制。

**新中国早期土地制度伴随着共和国前进的脚步在不间断地进行调整。这种制度调整步伐，是暴风骤雨式的、探索性的、付出了沉重的代价；这种制度调整方式，是采取"以意识形态改造作为推动力"的运动方式进行；调整后的土地制度，明显存在与当时的生产力发展水平严重不相适应的问题；这种制度调整目标，始终是向着公有制方向迈进**①。

1）共同纲领

1949 年 9 月 29 日，中国人民政治协商会议第一次全体会议通过了《中国人民政治协商会议共同纲领》（以下简称《共同纲领》）。《共同纲领》起着临时宪法的作用，它为新生政权提供合法性的来源，为新中国各项事业顺利开展提供基本的法律依据②。

《共同纲领》第三条规定，中华人民共和国必须取消帝国主义在中国的一切特权，没收官僚资本归人民的国家所有，有步骤地将封建半封建的土地所有制改变为农民的土地所有制。为了实现这一目标，

---

① 宋健坤. 国家土地银行. 北京：中国财政经济出版社，2013：28.
② 杨天波，江国华. 宪法中土地制度的历史变迁. 时代法学，2011（1）.

《共同纲领》的第二十七条规定，土地改革为发展生产力和国家工业化的必要条件。凡已实行土地改革的地区，必须保护农民已得土地的所有权。凡尚未实行土地改革的地区，必须发动农民群众，建立农民团体，经过清除恶霸，减租减息和分配土地等项步骤，实现耕者有其田。

《共同纲领》第三十四条规定，关于农林渔牧业：在一切已彻底实现土地改革的地区，人民政府应组织农民及一切可以从事农业的劳动力以发展农业生产及其副业为中心任务，并应引导农民逐步地按照自愿和互利的原则，组织各种形式的劳动互助和生产合作。第三十八条规定，关于合作社：鼓励和扶助广大劳动人民根据自愿原则，发展合作事业。在城镇中和乡村中组织供销合作社、消费合作社、信用合作社、生产合作社和运输合作社，在工厂、机关和学校中应尽先组织消费合作社。这一系列规定表明，《共同纲领》为当时确立的农民土地私有制设置了有约束性的条件。这个时期的土地制度，只能成为未来实施土地公有制制度的过渡性制度。

2）农村土地改革运动

1950 年 6 月，中央人民政府颁布了《中华人民共和国土地改革法》，决定在全国农村开展大规模的土地改革运动。土地改革的目标是废除地主阶级封建剥削的土地制度，实行农民土地所有制，即变地主所有、租佃经营的土地产权制度为农民所有、农民经营[1]。以乡或相当于乡的行政村为单位，依法将没收或征收的土地和其他生产资料，除归国有的部分外，由乡农协会接收，按人口统一、公平、合理的原则，将土地无偿地分配给无地、少地及缺乏其他生产资料的贫农。到 1952 年底，中国除了西藏、新疆等少数民族集聚区外，基本上完

---

① 秦剑军. 建国以来我国农村土地制度的嬗变. 经济问题探索，2011（1）.

成了土地改革任务。

实行农民土地所有制，让农民平均拥有了农地的所有权和使用权，具有了完备的农地产权，农民千百年来希望实现"平均地权"的愿望，在当时的历史条件下得到了最大限度满足。国家通过农地登记、发证和征收契税等方式，对农地进行管理。农地产权可以自由流动，允许农地买卖、出租、典当和赠与。这些土地制度的规定，极大地解放了农村生产力，提升了农民的生产积极性，释放出显著的制度势能。

3）农业社会主义改造

1953 年，中共中央根据毛泽东的建议，提出了"一化三改"①的过渡时期总路线，决定通过走合作化道路对农业进行社会主义改造。土地改革运动以来，国家建立起来的以农民土地私有制为基础的小农经济，由于生产规模小、经济实力单薄、经营分散，已经不能满足国家加快工业化对粮食和原料的"规模化"要求。这让国家工业化飞速发展下产生的巨大需求与在农民土地私有制下提供的有限小商品之间发生了严重的矛盾，这是国家快速而全面地推进农业社会主义改造，以解决两者间存在严重不适应问题的客观原因。

从 1953 年开始，中国农村建立起互助组和合作社等新型农业合作生产组织。农业生产互助组的主要内容是：农地依然归农民个体所有，农民各自耕作管理，但劳动力和农具实行互助。到了 1956 年，中国开始大规模建设高级农业生产合作社。高级农业生产合作社主要内容是：农民的土地及其所有生产资料都实现了集体所有制，农民只保留自留地（占全部土地 5%）。至此，中国彻底改变旧有的农业生产

---

① 中国共产党在 1953 年提出了过渡时期的总路线，即以"一化三改"为主体的总路线。"一化"就是逐步实现国家的社会主义工业化，"三改"既逐步实现国家对农业、手工业、资本主义工商业的社会主义改造。

结构与农村社会组织管理方式，建立起以农村集体所有制为标志的全新经济制度模式[①]。

4）五四宪法

1954 年 9 月 20 日，第一届全国人民代表大会第一次会议通过了《中华人民共和国宪法》，即"五四宪法"。

"五四宪法"是新中国成立后制定的第一部宪法，奠定了中国宪法的基础。其中第五条规定，中华人民共和国的生产资料所有制现在主要有下列各种：国家所有制，即全民所有制；合作社所有制，即劳动群众集体所有制；个体劳动者所有制；资本家所有制。

"五四宪法"明确了国家的任务是尽力巩固前两种所有制的经济成分，即社会主义的经济成分，并对后两种所有制的经济成分，即非社会主义经济成分，进行社会主义改造[②]。这表明，"五四宪法"为国家土地制度由前期设置的有条件的私有制迈向国家所有制和集体所有制，预设好演进方向和具体任务[③]。

5）人民公社化运动

1958 年 3 月，中国共产党中央委员会政治局通过了《关于把小型的农业合作社适当地合并为大社的意见》。意见指出，为了适应农业生产和文化革命的需要，在有条件的地方，把小型的农业合作社有计划地、适当地合并为大型的合作社是必要的。1958 年 8 月，中共中央发出《关于在农村建立人民公社问题的决议》，把人民公社化运动推向了高潮。9 月初，《人民日报》公布了这一决议，全国迅速形成了人民公社化运动的热潮。此运动推动仅一个多月，全国基本上实现了人

---

① 宋健坤. 国家土地银行. 北京：中国财政经济出版社，2013：29.

② 刘少奇. 关于中华人民共和国宪法草案的报告［EB/OL］（2009-08-17）. http://news. xinhuanet.com/ziliao/2009-08/17/content_11898015.htm.

③ 同①30.

民公社化。到 1958 年底，全国将 74 万多个农业生产合作社合并成为 2.6 万多个人民公社，参加公社的农户有 1.2 亿户，占全国总农户的 99%以上。

1961 年，毛泽东主持制定了《农村人民公社工作条例（草案）》，进一步明确了在现阶段人民公社实行三级所有，队（相当于原高级农业生产合作社）为基础的制度。之后，中国共产党中央委员会根据"三级所有、队为基础"作为整顿和建设人民公社的基本方针，把原来的土地所有权、土地使用权和土地收益分配权，由公社一级下放到生产队一级，克服了人民公社初期的弊端，在一定程度上，实现了土地所有权与土地使用权的分离。

土地收益分配权虽然由公社一级下放到了生产队，制止了当时的共产风。但是由于农民的土地所有权收归人民公社集体所有而不再由私人拥有、劳动激励机制缺失、分配中存在平均主义等原因，让农民的生产积极性受到了一定程度的打击。再加上当时生产力水平低下，所以农业生产规模化、集约化的最初设想未能如期实现。这些情况集中表明，人民公社在制度设计上，明显超越当时的生产力发展水平，存在着严重的不适应①。

《农村人民公社工作条例（草案）》在土地收益权上的制度设计，在新中国土地制度的历史上，具有划时代意义。

6）七五宪法

1975 年 1 月 17 日，第四届全国人民代表大会第一次会议通过了新中国第二部宪法，即"七五宪法"。

从"五四宪法"颁布到"七五宪法"制定的 20 多年时间内，中国社会制度发生历史性变化：中国农村经济管理制度，在经历了互助

---

① 宋健坤. 国家土地银行. 北京：中国财政经济出版社，2013：31.

组、初级社、高级社，最后到人民公社的系列演变之后，实现了从分散的个体劳动向集体经营的转变；农村土地所有制，从农村农民土地私有制向农村集体土地所有制进行了彻底转变；中国城市经济管理制度，完成了对资本主义工商业者进行社会主义改造；中国城市土地制度，实现了从城市土地私人所有制向国家所有制的转变。

"七五宪法"的最大意义，是对完成"五四宪法"所确立的土地国有制和土地集体所有制的演进任务进行了历史性总结[1]。

"七五宪法"的第五条规定，中华人民共和国的生产资料所有制现阶段主要有两种：社会主义全民所有制和社会主义劳动群众集体所有制。这标志着中华人民共和国境内的个体劳动者所有制和资本家所有制这两种所有制形式，已经退出了历史舞台。第六条规定，国家可以依照法律规定的条件，对城乡土地和其他生产资料实行征购、征用或者收归国有。这表明，"七五宪法"为未来建立和进一步完善土地公有制制度预埋了法律伏笔[2]。

7）七八宪法

1978 年 3 月 5 日，第五届全国人民代表大会第一次会议通过了新中国第三部宪法，即"七八宪法"。

"七八宪法"在土地制度上，继承了"七五宪法"。其中第五条规定，中华人民共和国的生产资料所有制现阶段主要有两种：社会主义全民所有制和社会主义劳动群众集体所有制。第七条规定，农村人民公社经济是社会主义劳动群众集体所有制经济，现在一般实行公社、生产大队、生产队三级所有，而以生产队为基本核算单位。其中明确规定，生产大队在条件成熟的时候，可以向大队为基本核算单位过渡。这表明，"七八宪法"在土地集体所有制的演进方向上，陷入了

---

① 宋健坤. 国家土地银行. 北京：中国财政经济出版社，2013：32.

② 同①32.

盲区①。

"七八宪法"首次在宪法上赋予土地收益权的法律地位。

8）八二宪法

1982 年 12 月 4 日，第五届全国人民代表大会第五次会议通过了新中国第四部宪法，即"八二宪法"。"八二宪法"首次明确土地公有制，规定城市土地属于国家所有，在宪法中确立了城乡"二元化"的土地公有制的制度。

"八二宪法"第六条规定，中华人民共和国的社会主义经济制度的基础是生产资料的社会主义公有制，即全民所有制和劳动群众集体所有制。第十条规定，城市的土地属于国家所有。农村和城市郊区的土地，除由法律规定属于国家所有的以外，属于集体所有；宅基地和自留地、自留山，也属于集体所有。国家为了公共利益的需要，可以依照法律规定对土地实行征用。任何组织或者个人不得侵占、买卖、出租或者以其他形式非法转让土地。一切使用土地的组织和个人必须合理地利用土地。

"八二宪法"将新中国成立以来长期探索和建立起的土地国有制与土地集体所有制并存的国家土地制度，正式以宪法的形式命名为"公有制"，终于确立起以马克思主义关于科学社会主义理论与国家宪法定义相统一的社会主义公有制的制度，是推进土地制度实现国有化的巨大进步②。

"八二宪法"明确了"二元结构"下的土地公有制的法律定性，给未来留下长期难以解决的两个理论与实践问题：如何解决土地集体所有制的所有权主体"被虚化"问题？如何实现在公有制在结构上的"再统一"问题？

---

① 宋健坤. 国家土地银行. 北京：中国财政经济出版社，2013：33.
② 同①35.

9）家庭联产承包责任制

1978 年 11 月，安徽省凤阳县小岗村 18 位农民签下"生死状"，将村内土地分开承包经营，开创了家庭联产承包责任制的先河。1980年，邓小平公开肯定了小岗村"大包干"的做法。1982 年 1 月 1 日，中国共产党历史上第一个关于农村工作的一号文件正式出台，明确指出包产到户、包干到户都是社会主义集体经济的生产责任制。1983年中国共产党中央委员会下发文件，肯定联产承包责任制是在共产党的领导下中国农民的伟大创造，是马克思主义农业合作化理论在中国实践中的新发展。1984 年，中国近 99%的生产队实行了家庭联产承包责任制。至此中国农村重新建立起"集体所有、家庭经营"的农村土地产权经营模式。

家庭联产承包责任制使农村集体所有制土地的所有权和使用权分离，在分配制度上采取"保证国家的，留足集体的，剩下全是自己的"政策。由此构建起农户家庭私有财产的初始积累机制，让农民的生产积极性得到恢复。此后，中国农村的农地制度虽经历多次局部调整，但均未进行实质性的系统性改革，显露出迟滞土地制度改革带来的诸多问题①。

10）1988 修宪

1988 年 4 月 12 日，第七届全国人民代表大会第一次会议通过《中华人民共和国宪法修正案》，修正案的第一条是把"八二宪法"第十一条增加规定，国家允许私营经济在法律规定的范围内存在和发展。私营经济是社会主义公有制经济的补充。修正案的第二条是把"八二宪法"第十条第四款修改为，任何组织或者个人不得侵占、买卖或者以其他形式非法转让土地。土地的使用权可以依照法律的规定转让。

---

① 宋健坤. 国家土地银行. 北京：中国财政经济出版社，2013：35.

这表明"八二宪法"关于土地的使用权转让的规定，为下一步实施土地的所有权、经营权、使用权的三权分离，提供了有利契机①。

11）2004修宪

2004年3月4日，第十届全国人民代表大会第二次会议通过宪法修正案，把"八二宪法"第十条第三款"国家为了公共利益的需要，可以依照法律规定对土地实行征用。"修改为："国家为了公共利益的需要，可以依照法律规定对土地实行征收或者征用并给予补偿。"这表明，中国的土地有偿征用方式正式在宪法层面得到确认。

12）土地确权与流转

中国农村集体土地所有权的确权和农村土地承包经营权登记发证工作，最早始于20世纪80年代后期，展开已有30多年的时间，但因积存矛盾而长期处于停滞状态。

2004年，国务院颁布《关于深化改革严格土地管理的决定》，其中关于农民集体所有建设用地使用权可以依法流转的规定，强调在符合规划的前提下，村庄、集镇、建制镇中的农民集体所有建设用地使用权可以依法流转。

2005年，农业部出台《农村土地承包经营权流转管理办法》，对流转不规范、少数流转后的耕地缺乏保护或存在被非法侵害等问题进行规范。

2008年，中国共产党在十七届三中全会做出了《中共中央关于推进农村改革发展若干重大问题的决定》。决定指出，按照依法自愿有偿原则，允许农民以转包、出租、互换、转让、股份合作等形式流转土地承包经营权。

2010年，中国共产党中央委员会通过"一号文件"，提出加快农

---

① 宋健坤. 国家土地银行. 北京：中国财政经济出版社，2013：42.

村集体土地所有权、宅基地使用权、集体建设用地使用权等确权登记颁证工作。力争用 3 年时间把农村集体土地所有权证确认到每个具有所有权的农民集体经济组织。

2013 年，中国共产党中央委员会再次通过"一号文件"，要求全国尽快建立归属清晰、权能完整、流转顺畅、保护严格的农村集体产权制度。工作进度调整为：再用 5 年时间基本完成农村土地承包经营权确权登记颁证工作，妥善解决农户承包地块面积不准、四至不清等问题。

土地确权是健全农村集体经济组织资金、资产、资源管理制度和实现农业产业化规模经营的基础；允许土地流转，使土地规模经营和农业集约化生产成为可能。从已推进 30 多年时间的进度上看，土地确权明显滞后于土地流转，这表明这项改革所遇阻力十分强劲[①]。

13）农村建设用地改革

2013 年，中国共产党在十八届三中全会作出了《中共中央关于全面深化改革若干重大问题的决定》。决定指出，建立城乡统一的建设用地市场。在符合规划和用途管制前提下，允许农村集体经营性建设用地出让、租赁、入股，实行与国有土地同等入市、同权同价。

2015 年 2 月 27 日，全国人大常务委员会经过表决、决定授权国务院在全国 33 个试点县（市、区）行政区域，暂时调整实施土地管理法、城市房地产管理法关于农村土地征收、集体经营性建设用地入市、宅基地管理制度的有关规定。

2019 年 8 月 26 日，第十三届全国人大常委会第十二次会议表决通过了关于修改《土地管理法》的决定。新土地管理法将农村土地征

---

① 宋健坤. 国家土地银行. 北京：中国财政经济出版社，2013：50.

收、集体经营性建设用地入市、宅基地改革的试点经验，经过认真总结，上升为法律。自 2015 至 2019 年实施的农村集体经营性建设用地制度的改革，所遇困难超出预想①。

14）再次延长承包期

2019 年 8 月 26 日，第十三届全国人大常委会第十二次会议表决通过了关于修改《土地管理法》的决定。修正案将第十四条、第十五条合并，作为第十三条，修改为："农民集体所有和国家所有依法由农民集体使用的耕地、林地、草地，以及其他依法用于农业的土地，采取农村集体经济组织内部的家庭承包方式承包，不宜采取家庭承包方式的荒山、荒沟、荒丘、荒滩等，可以采取招标、拍卖、公开协商等方式承包，从事种植业、林业、畜牧业、渔业生产。家庭承包的耕地的承包期为三十年，草地的承包期为三十年至五十年，林地的承包期为三十年至七十年；耕地承包期届满后再延长三十年，草地、林地承包期届满后依法相应延长。选择延期并非只是无奈，而是规避正在增大的社会风险。

值得关注的是，修正案增加一条，作为第六条："国务院授权的机构对省、自治区、直辖市人民政府以及国务院确定的城市人民政府土地利用和土地管理情况进行督察。"这表明法律赋予国务院对土地实施授权监管的职能，终于在长期空悬后被强制落了地。但是对法律授权主体的行权"虚化"问题和城市土地储备工作的法律"缺位"问题，又被回避了。

---

① 《经济参考报》在 2015 年 7 月 8 日《农村土地改革三项试点全面启动市场化流转空间大》报道中提到："事实上，33 个试点区县此前曾经多次上报区域内农村土地改革的框架方案，但是均因为'过于激进'未被批复"。"农村土改尽管被民间寄予厚望，但是此次试点改革的范围和力度可能要低于预期。未来改革成果的可参考性会大打折扣。"

# 5.3　土地所有权人共享权到位

近代中国土地制度发展史镌刻着整个民族为实现全民"平均地权"的理想而奋斗的艰辛历程，浸透着中华民族的英杰们为实现土地资源的全民共享权所付出的智慧与牺牲。必须承认，"平均地权"的理想，时至今日并未真正实现。那么我们追求的土地收益的全民化理想，究竟怎样做才能实现呢？

要实现这一目标，必须实现土地所有权人共享权。土地所有权人共享权，主要体现在国家财税的分享权、农民的保障权和全民的共享权这三个方面。

### 1. 财税的分享权

在土地所有权人共享权中，国家财税是必须享有的基本权益中最基础的、第一位的权益。习近平同志指出，现行财税体制已经不完全适应合理划分中央和地方事权、完善国家治理的客观要求，不完全适应转变经济方式、促进经济社会持续健康发展的现实需要，我国经济社会发展中的一些突出矛盾和问题也与财税体制不健全有关[①]。

分析城市土地制度的改革脉络发现，改革重点与财税密切相关。从城市土地实施有偿转让，到城市土地使用权实施转让，再到城市土地实施储备制度，城市土地制度改革不断深入。它虽然提高了土地资源的经济价值和土地的利用效率，对促进经济发展发挥了巨大的作用，但是由此开掘出的深层次问题，不能不引起我们的高度关注。

---

① 国务院新闻办公室会同中央文献研究室、中国外文局. 习近平谈治国理政. 北京：外文出版社，2014：80.

1）土地有偿使用

1979 年 7 月，国务院颁布了《中华人民共和国中外合资经营企业法》。该法规定，中国合营者的投资可包括为合营企业经营期间提供的场地使用权。如果场地使用权未作为中国合营者投资的一部分，合营企业应向中国政府交纳使用费。

1980 年 7 月，国务院颁布了《关于中外合营企业建设用地的暂行规定》。规定指出，中外合营企业用地，不论新征用土地，还是利用原有企业的场地，都应计收场地使用费。土地有偿使用方式很快普及到全国，这是中国从土地无偿使用，向土地有偿使用迈出的第一步。

2）城镇土地使用权转让

1987 年 9 月，深圳市人民政府将 5 321 亩地块的土地使用权，第一次采取公开拍卖的方式进行了有偿转让。

1987 年 11 月，上海市人民政府率先颁布了《上海市土地使用权有偿转让办法》的地方性法规，明确了城市土地使用权转让的方式、程序、办法以及土地使用权转让出让金标准的相关规定。

1990 年 5 月，国务院发布了《城镇国有土地使用权出让和转让暂行条例》《外商投资开发经营成片土地暂行管理办法》。这标志着中国城市土地使用权制度转让改革的开始，它开启了中外房地产企业在中国房地产市场的淘金期。

3）城市建立土地储备制度

1996 年，上海市在全国率先成立土地储备机构"上海土地发展中心"，其土地储备运作行为以市场行为为主。2002 年，上海市政府成立以城市土地储备中心作为土地储备运作机构，以地产集团作为土地储备运作载体，并于 2004 年出台土地储备地方性法规。随后中国各地纷纷效仿成立地方城市土地储备机构。到 2007 年底，全国已有 2 000 多个市、县，相继建立了地方城市土地储备制度。

令人关注的是全国地方土地储备工作至今未获国家层面的法律支持：2008 年全国人民代表大会未通过针对《土地管理法》中城市土地储备制度的修订；对全国地方土地储备工作发挥支撑作用的依据仅为《土地储备管理办法》（国土资〔2007〕277 号）这一行政法规。

面对全国性的国家法律支撑的缺位[①]：实施土地储备制度的地方政府，都在依照本地方的地方性法规或地方性规章制度来支持运行；对于具体的制度及运作行为，至今处于无章可循、无法可依的状态，如储备中心的法律地位及职权职责、纳入储备的土地范围、储备土地的出让方式等。

各地方政府所实施的土地储备制度，在很大程度上释放了生产动能，但是这并不能掩盖其存在的问题本质：各地方政府在城市土地储备业务上的操作，已踏越了国家的法律红线。

时下，各地方政府在不断增强对城市土地一级市场的调控能力。它们运用市场手段配置了数量庞大的存量建设用地，不断暗自提高城市土地资产的附加值和出让效益。

**由于监管乏力，土地储备体系已经演变成为地方政府土地财政的"蓄水池"，这对中央政府的管理体制和控制能力构成了潜在威胁，不能不引起足够警觉。**

为此，必须管好用好财政资金，建立强有力的财税约束管控机制；必须尽快划分中央和地方事权，改革转移支付制度，形成有力的监督机制；必须加快财税体制改革，建立起合法有效的土地运营和土地收益分配机制。

通过制度和法律的手段堵住中间漏洞，明确中央政府与地方政府的财税分割方式，实现中央政府与地方政府在土地收益分配权利益上

---

① 王保信. 土地储备制度法律机理探析［EB/OL］（2010-07-06）. http://www.mlr. gov.cn/tdsc/lltt/2010-07/t20100706_153805.htm.

的合理"分切"。土地运营机制和土地收益分配机制涉及国家和百姓的整体利益，涉及国家对各区域利益再平衡调控杠杆作用的有效发挥，这是目前亟待解决的国家重大基础性制度中的难点问题之一。

**2. 农民的保障权**

农村土地问题盘根错节，原因在于土地的权属虚化和地利不同。权属虚化导致了"同地不同权"和"同地不同价"的问题；地利不同导致了"因地理位置不同而收益不同"的问题。前者涉及土地的所有权，后者涉及土地的收益权，两者都直接涉及国家土地制度的创新。

1）取消农业税

2004 年，中国共产党中央委员会通过"一号文件"形式宣布，用 5 年的时间逐步取消农业税，取消烟叶以外的农林特产税，增加对农业的投入，实施直接补贴政策，逐步扩大对农民的补贴范围。到 2004 年底，已有 25 个省、市、自治区宣布取消农业税。到 2006 年，中国境内全部免除了农业税。

中国农业税征收，从公元前 594 年鲁国初税亩制开始，到 2006 年结束，恰好实行了 2600 周年。中国政府全面取消农业税及其相应税费，标志着"以农养政"时代的终结，这是历史性的进步[①]。

土地效益的实现应在"土地运营制度"（第 7 章专门阐述）中去解决。过去中国政府通常发挥财政功能，运用财政二次转移支付方式来缓解农民的贫困。这既增加监管成本，又降低了转移支付的效率。对此，国务院已经意识到存在的问题，于 2014 年 12 月出台了《国务院关于改革和完善中央对地方转移支付制度的意见》，对此加以完善。

2）土地收益权

1978 年 3 月 5 日，第五届全国人民代表大会第一次会议通过的新

---

① 钱穆. 中国历代政治得失. 北京：九州出版社，2015：22.

中国第三部宪法，即"七八宪法"，在宪法上赋予土地收益分配权的法律地位。为此，我们必须改变传统行为方式，以创新思维来赋予土地收益分配权的新内涵，让它满足新时代发展的需要。

土地收益分配权设计原则：通过设计和实施封闭性的国家土地运营制度，选择土地溢价中的部分价值，按照一定规则直接拨付给农民，实现对农民基本利益的保障。这种通过建立"土地价值的利益分配制度"直接向农民拨付土地溢价利益的方式，是以制度方式解决农民因"区域差异""地利不同"造成收入差距所实施的创新手段，是中国独有的制度设计（第 7 章专门阐述）。

**3. 全民的共享权**

土地资源具有共享权，为全民共享。所以土地资源价值亦应为全民共享。在下一步实现了农村土地"同地同权""同地同价"之后，土地资源的效益应体现为国家、农民以及全民所共享。既然国家和农民的利益可以通过制度设计去实现，那么全民的利益如何才能实现共享呢？实现全民共享土地资源价值是能够做到的。

全民共享土地资源价值方法是：在实现当年国家土地收益的结算与农民人均土地溢价收益的结算拨付之后，将土地收益实行"年度国民人均土地收益分配"，即将当年国民人均的土地收益，直接拨付到全国每一位公民的账户之中。

**建立起将国家经济成果转化为国家红利直接兑付给全民的土地利益分配制度，这不仅让国家土地价值最大化得以实现，还因此实现了全民共享土地资源价值的最大化。**

这是多少代中国人梦寐以求的"平均地权"的伟大理想，它将在我们这一代成为现实。"先天"的土地资源对于"后天"的人类而言，其外在属性决定土地所有权人共享权必须到位。

# 第6章

# 土地制度的市场属性

　　本章的核心是系统阐述土地制度的市场属性问题。我们将通过丰富的史料，详细阐述中国土地制度因何具备这一基本属性？它所秉承的基本职责是什么？它反馈给我们的基本要求又是什么？

　　研究认为，中国土地制度的市场属性赋予它两大基本职责：要求市场功能完备和促进治理体系、治理能力现代化。这两大职责使其秉承均质性最佳、土地资源市场化配置最优化的基本功效。它反馈给我们的基本要求是必须让土地所有权人权益到位。

## 6.1　要求市场功能完备

　　成熟的市场属性要求其必须具备完备的市场功能。何为完备的市场功能？就是实现习近平同志提出的"使市场在资源配置中起决定性作用"[①]。这绝非是一个简单的推论，实现它必须同时满足三个市场化条件。

---

　　① 国务院新闻办公室会同中央文献研究室、中国外文局·习近平谈治国理政. 北京：外文出版社，2014：77.

市场功能完备的三个市场化条件：确立国家市场化的结构模式，建立国家市场化结构的要素配置机制，建立国家市场化结构的自主定价机制[①]。

### 6.1.1　确立国家市场化的结构模式

关于确立国家市场化的结构模式问题，已通过模型方式（第 3 章）进行系统阐述。分析得出的基本结论是：建立起功能完备、体系健全、国家主导、多类协作的有约束的市场化结构模式，这是中国市场化结构模式的最优选择。

从本质上讲，国家市场化的结构模式的确定，是衡量或评估该国家是否已具备完整的市场属性的标准之一。市场属性代表一个国家的市场化成熟度、市场化偏好度、市场化利益取向度，是评估一个国家市场化进程的重要标准。

让中国经济走向更为稳健、成熟、高级的市场化发展阶段，必须公开地、态度鲜明地、有理有据地表明自己确立的市场化结构模式。这是中国在发展道路选择方面亟待表明的态度。

### 6.1.2　建立国家市场化结构的要素配置机制

国家市场化结构的要素配置机制是指在国家或大区域的经济发展中必须坚持以"势能原理"来配置国家核心资源及其形成机制。

势能原理是指采取一切手段来能动地获得并控制优势能力，以期实现资源空间价值最大化的原理。势能原理突出两个要点：一是揭示出资源自高向低的配置规律；二是明确核心资源掌控方在配置资源的

---

① 宋健坤. 国家土地银行. 北京：中国财政经济出版社，2013：62.

过程中拥有控制权。

国家核心资源是指要素市场和高端产业要素集群。要素市场指要素集聚、定价机制、交易和流通场所。高端产业要素集群是指获得"国际产业分工的分配权"并以此构建起的全球价值链。它是按着"控制型"产业布局模式，从"价值高地"高点向低点，呈"梯级方式"配置。

从科技创新角度分析，全球价值链主要由三个链条组成：一是全球创新资源的"技术源头"和"国际接驳地"，即创新链；二是以创新性要素为支撑的核心产业集群，即产业链；三是以核心要素和基础设施为支撑的产业配套集群，即供应链。三个链条构成全球价值链的三大战略支点，其实质是直接锁定"国际产业分工的分配权"。在全球化的背景下，全球价值链的三大战略支点对发展中国家具有特殊的战略意义。

要素配置机制的形成机制指统领要素市场和高端产业要素集群的条件以及形成支撑国家产业基础并发挥"升维"作用的权力制度。它具有显著的高举高打的资源集聚与权力形成机制的特征。

国家核心资源在市场结构形态上处于"高地状态"：它在资源配置上既要拥有自己的创新能力，又要拥有与全球创新资源的接驳能力，还要按照"势能原则""高低有序"地构建核心产业区、核心配套产业区，最终依托由上述产业区构建起的"全球价值链"来成功打造"全球经济高地"。

国家市场化结构的要素配置机制具有的特殊特征，我们确定其为资源的第四本质特征。

区域经济发展的经验表明，科学而有力度地推进建立国家市场化结构的要素配置机制，将对区域经济发展起到关键性的推动作用；缺乏"资源高地"的支撑，区域经济发展无疑将会因缺乏动力而迟滞。

　　要素市场与高端产业要素集群在资本配置上具有共同性质，它们主要是通过供需双方的集聚解决资本的配置问题。供需双方的集聚进一步吸收创新资源，最终形成正向循环。在互联网技术带动下，要素市场与高端要素群已经从实体市场向实体与虚拟相结合的业态方向转变。

　　值得关注的是，使用区块链技术手段能够发行数字货币、数字资产，它将改变世界金融资源长期分配不均的问题，由此将彻底改变世界要素市场的配置结构。依托要素市场打造区域经济，已经成为推动国家或大区域经济发展的重要抓手。

　　从世界经济发展周期看，产业发展和升级均需要依托更高级的要素配置机制方能实现。产业的生命周期演进是各种不同类型、不同层级要素的持续投入、作用，直至发生迭代的过程。不同的产业类型和同一产业的不同发展阶段，其依托的要素均有所不同，配置的要素结构也不尽相同。但是，它们的发展都必须得到要素配置机制的支持。因此，建立国家市场化结构体制下的要素配置机制，已成为当今世界发达国家之间相互竞争的核心所在，它成为成熟市场的又一标志。

### 6.1.3　建立国家市场化结构的自主定价机制

　　国家市场化结构的自主定价机制[①]是指在要素配置机制与国际产业分工条件下生成国家资源定价权的条件和权力。它是在国际化背景下国家市场化结构的顶配资源。它的核心资源是国家主权货币。

　　建立市场自主定价机制的目的，是以"产业组织、技术壁垒、大宗商品定价"的垒进性来适应国际金融控制结构，在符合充分的市场

　　① 宋健坤. 资源空间学. 北京：国防大学出版社，2011：44.

竞争环境和条件下，建立起让利益集团设计和确定的产品市场价格进行自律性管理的有效机制，以期实现维护市场正当竞争秩序和促进市场规范化发展的目的。

从资源的属性分析，资源定价权和市场自主定价权是资源的外在属性，是资源价值和资源使用价值的外在表现。所以资源定价权和市场自主定价权拥有"共同属性"。这使得资源定价权和市场自主定价权在"共同属性"的逻辑驱动下形成相同的市场功能[1]。我们因此获得"资源定价权"定义。

**资源定价权是指利益集团对其产品价格的制定拥有主导权。资源价格是资源价值的货币表现，资源价值是资源价格的形成基础[2]。**

拥有定价权的利益集团通常是行业龙头、技术领先者。这类利益集团即便是在各种原料成本上涨的长期趋势下，也可以通过自主提价将新增成本传导给下游企业，以保证其不影响自身销量及利润所得。拥有较强定价权的利益集团具有更好的发展前景，其自主定价能力直接影响到利益集团盈利能力的强弱。同时，强硬的议价能力往往会带来可确定的经济持续增长的预期。

影响资源价格的因素包括资源的供求状况、资源的稀缺性、资源禀赋、资源可替代性、技术进步、社会经济因素和政治因素以及垄断行为等。在全球经济一体化的大潮下，国际经济活动日趋泛金融化，主要商品及利率、汇率等基本金融产品的价格形成，正逐步趋向期货及其衍生品定价模式，并且已经在全球建立起各自的定价中心[3]。如图6-1所示。

---

[1] 宋健坤. 资源空间学. 北京：国防大学出版社，2011：44.

[2] 同[1]45.

[3] 同[1]44.

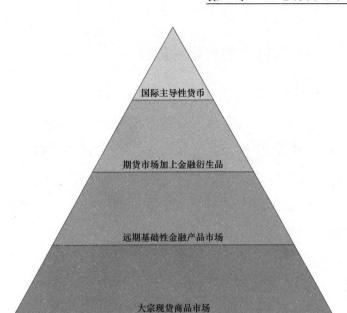

图 6-1　全球定价机制金字塔图

全球定价机制呈金字塔状：大宗现货商品市场是塔基，远期基础性金融产品市场是塔身，期货市场加上金融衍生品市场是塔颈，控制世界所有金融产品的国际主导性货币是塔尖，塔尖统领和操纵着塔颈、塔身和塔基的经济命运。

金融衍生产品市场已经成为抢夺资源定价权的主战场。哪一种货币能够影响期货及其衍生品的价格，它就掌握了该资源定价竞争的主动权。随着数字货币在不久后的问世，全球定价市场将发生结构性变革；若失去商品期货定价的话语权，将不仅丧失对本国基础性资源（包括基础性工业产品）的控制权，还将因此失去对本国主权货币覆盖下的实体经济总价值的升值能力甚至是控制能力。

在现代经济体系下，国家只有满足"确立国家市场化的结构模式、建立国家市场化结构的要素配置机制、建立国家市场化结构的自主定价机制"这三个市化场条件，才能建立起完备的市场功能。

### 6.1.4 借鉴国际实践中的市场功能经验

建立完备的市场功能，发挥市场在资源配置中所起的决定性作用，以此激发和促进土地资源配置效率的提升，实现土地资源价值最大化。国际市场实践中的市场功能经验，充分证明了这一论断。

从世界近代史以来的两百余年发展进程看，世界各国都在坚持发展市场经济，积极探索土地制度在市场功能下的资源配置机制，它为世界土地制度的丰富发展增添了宝贵财富。

目前，世界上许多国家先后建立起具有现代土地制度意义的土地银行制度。其中德国、法国、美国、印度等国家和地区的土地银行制度实施已久并日臻完善。据了解，日本安倍政府改革的重点内容之一，是希望通过建立土地银行来释放日本农业的生产力。

**1. 功能完整的土地银行**

1）德国

德国是最早实行土地金融制度的国家。德国土地银行成立于1770年，全称为土地抵押信用合作社。为了解除高利贷的盘剥，促使资金流入农村以振兴农业，1770年普鲁士国王下令组建抵押信用合作社，在普鲁士的西里西亚省成立世界第一个土地抵押信用合作社。

德国土地银行运作方式是：农民合作社成员为了获得农业开发所需资金，将自己的土地抵押给土地银行，再由土地银行发行土地债券。所以德国土地银行又被称为德国地租银行、土地抵押银行。其贷款方式有两种：一是向地方政府直接发放贷款；二是向欧盟各国为农业及农村地区服务的中小银行提供融资，通过这些中小银行，再面向农业开发企业和农村地区发放中长期贷款，并为其承担信贷风险。

2）法国

法国土地银行成立于1852年，全称为法国土地信贷银行。它是

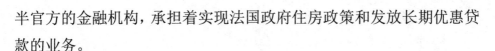

半官方的金融机构，承担着实现法国政府住房政策和发放长期优惠贷款的业务。

法国农业金融体系健康完善，具有"上官下民，政府主导"的特点，该体系既承担着国家已规划的重大农业产业项目，又持续支持了符合国家产业政策的普通惠农贷款业务。

3）美国

1916 年，美国制定《农业信贷法》，成立土地银行。它的主要业务是提供长期农地抵押贷款。目前美国土地银行自成体系，全国共创办 12 家联邦土地银行，各有固定服务区域，并组成 500 多个联邦土地银行协会，形成了遍布全境的营业网，配合银行共同办理不动产抵押等长期贷款业务。

美国联邦土地银行的创办资金由政府垫支，后续资金由借款人以借款认购土地银行股份的办法筹集。联邦土地银行在 1947 年还清了政府垫支，成为独立的金融机构。联邦土地银行的贷款对象主要是营业区内的农场主，通过放贷以解决他们为农业生产和自身建房所需要的资金。贷款期限从 5 年到 40 年不等，贷款以不动产作为抵押，贷款额度为抵押品估价的 85%，贷款用途不加限制。

4）印度

印度土地银行成立于 1982 年，是印度的农业和农村开发银行。其主要职能是为该国家的信用合作机构、地区农村银行、从事农村信贷工作的商业银行提供再融资服务，同时为农民贷款提供保险。

印度农业金融体系较为完善，各金融机构之间既分工明确，又相互合作。印度农村金融机构在农村普遍建立起自己的营业网络，基层农业信贷协会数量达到 9 万多家，平均每 2 万个农户就有一家农村金融机构为其服务，金融覆盖程度位居世界前列。

## 2. 功能单一的土地银行

### 1）荷兰

荷兰土地银行成立于 1896 年，其功能仅限于实施土地储备业务。政府拥有土地的优先征购权，当土地银行需要土地时，土地所有者只能将土地出售给政府。荷兰政府根据用地的需要，将其储备的未开发土地，通过出售和出租两种方式，分期、分批地推向市场，提高了土地的利用效率。

土地银行通过购入土地与出让土地获得收支差，解决了部分资金的来源问题。其他资金来源主要是：中央政府的贷款、政府财政收入、以各城市为股东的荷兰城市银行的贷款以及商业机构的贷款。

### 2）瑞典

瑞典现行土地制度为土地国有制与土地私有制的并轨制度。由于土地私有制阻碍了城市的规划和城市的建设，基于公共利益的需要，瑞典政府自 1904 年开始就推行土地国有化政策，实行土地征用制度。土地征用是政府为了公共利益而采取的行政行为，它一般具有四个特征：公共目的性、强制性、权属转移性、补偿性。土地征用补偿标准在不同时期的主要原则是：完全补偿、不完全补偿、相当补偿。土地一旦被征用便永久为国家所有，不再属于私人所有，禁止存在土地私有制下的土地垄断行为。到 1964 年，斯德哥尔摩市的土地已有 70% 为国家所有。

瑞典土地银行具有一项特殊功能，它兼有中央银行直接参与国家土地市场管理的职能。它在市场土地价格过高时抛售土地和在土地价格过低时吸纳土地，由此实现国家对土地市场的调控目的，成为国家干预土地市场的重要平台。

分析西方土地银行发现：在功能上，它们各不相同，其中一些国家的土地银行的功能，仅侧重于"土地储备"（类似中国地方城市的

"土地储备中心"），不具备以农地作抵押开展融资贷款的金融服务功能；在分配上，它们背景和目的各自不同，表现出各国在土地收益分配权方面没有实现全民的普惠性，其公平性也有待商榷；在体现土地价值最大化方面，各国的土地制度大多都是建立在土地私有制度的基础上，地权分散、权属没有实现国家统一。因此各国土地资源价值，并未实现最大化[①]。

从积极意义上讲，西方国家的土地银行制度，有助于解决所在国农业经济发展的资金不足问题，并为所在国长治久安提供了坚实的制度保障。土地银行制度已经成为世界上很多国家实施国家调控土地市场、合理配置土地资源、保障国家规划实施、有序推进经济与社会进步的基础性国家制度。这些经验对于亟待升级土地制度的中国而言，具有积极的借鉴价值。

## 6.2　促进治理体系和治理能力现代化

市场属性促进治理体系和治理能力实现现代化。习近平同志指出，市场在资源配置中起决定性作用，并不是起全部作用。发展社会主义市场经济，既要发挥市场作用，也要发挥政府作用[②]。

### 6.2.1　国家治理体系存在严重不足

国家的土地管理体系庞大杂乱、制度规定权责不明，这是国家在土地治理体系方面存在的两大突出问题。

---

① 宋健坤. 国家土地银行. 北京：中国财政经济出版社，2013：70.
② 国务院新闻办公室会同中央文献研究室、中国外文局. 习近平谈治国理政. 北京：外文出版社，2014：77.

## 1. 管理体系庞大杂乱

中国在土地管理方面推行至少六大标准体系：国家标准体系、规划用地体系、城乡用地体系、城市建设用地体系、获取用地体系、资源类型体系。因此在土地宏观管理上呈现出运用不同的管理标准、执行不同的管理手段、行权不同的管理主体这样复杂的局面。

1）国家标准分类

国家标准《土地利用现状分类》（GB/T 21010—2007），对国家土地利用分类采用一级、二级两个层次的分类体系，共分 12 个一级类、57 个二级类。

一级类包括耕地、园地、林地、草地、商服用地、工矿仓储用地、住宅用地、公共管理与公共服务用地、特殊用地、交通运输用地、水域及水利设施用地、其他土地。该土地利用现状分类标准严格按照管理需要和分类学的要求，对土地利用现状类型进行归纳和划分。（见表 6-1）。

表 6-1　土地利用现状分类

| 一级类 | | 二级类 | | 含　义 |
|---|---|---|---|---|
| 编码 | 名称 | 编码 | 名称 | |
| 01 | 耕地 | | | 指种植农作物的土地，包括熟地、新开发、复垦、整理地，休闲地（含轮歇地、轮作地）；以种植农作物（含蔬菜）为主，间有零星果树、桑树或其他树木的土地；平均每年能保证收获一季的已垦滩地和海涂。耕地中包括南方宽度＜1.0 米、北方宽度＜2.0 米固定的沟、渠、路和地坎（埂）；临时种植药材、草皮、花卉、苗木等的耕地，以及其他临时改变用途的耕地 |
| | | 011 | 水田 | 指用于种植水稻、莲藕等水生农作物的耕地。包括实行水生、旱生农作物轮种的耕地 |
| | | 012 | 水浇地 | 指有水源保证和灌溉设施，在一般年景能正常灌溉，种植旱生农作物的耕地。包括种植蔬菜等的非工厂化的大棚用地 |

续表

| 一级类 | | 二级类 | | 含　义 |
|---|---|---|---|---|
| 编码 | 名称 | 编码 | 名称 | |
| 01 | | 013 | 旱地 | 指无灌溉设施，主要靠天然降水种植旱生农作物的耕地，包括没有灌溉设施，仅靠引洪淤灌的耕地 |
| 02 | 园地 | | | 指种植以采集果、叶、根、茎、汁等为主的集约经营的多年生木本和草本作物，覆盖度大于 50%或每亩株数大于合理株数 70%的土地。包括用于育苗的土地 |
| | | 021 | 果园 | 指种植果树的园地 |
| | | 022 | 茶园 | 指种植茶树的园地 |
| | | 023 | 其他园地 | 指种植桑树、橡胶、可可、咖啡、油棕、胡椒、药材等其他多年生作物的园地 |
| 03 | 林地 | | | 指生长乔木、竹类、灌木的土地，及沿海生长红树林的土地。包括迹地，不包括居民点内部的绿化林木用地，铁路、公路征地范围内的林木，以及河流、沟渠的护堤林 |
| | | 031 | 有林地 | 指树木郁闭度≥0.2 的乔木林地，包括红树林地和竹林地 |
| | | 032 | 灌木林地 | 指灌木覆盖度≥40%的林地 |
| | | 033 | 其他林地 | 包括疏林地（指 0.1≤树木郁闭度＜0.2 的林地）、未成林地、迹地、苗圃等林地 |
| 04 | 草地 | | | 指生长草本植物为主的土地 |
| | | 041 | 天然牧草地 | 指以天然草本植物为主，用于放牧或割草的草地 |
| | | 042 | 人工牧草地 | 指人工种植牧草的草地 |
| | | 043 | 其他草地 | 指树木郁闭度＜0.1，表层为土质，生长草本植物为主，不用于畜牧业的草地 |
| 05 | 商服用地 | | | 指主要用于商业、服务业的土地 |
| | | 051 | 批发零售用地 | 指主要用于商品批发、零售的用地。包括商场、商店、超市、各类批发（零售）市场，加油站等及其附属的小型仓库、车间、工场等的用地 |

续表

| 一级类 | | 二级类 | | 含　义 |
|---|---|---|---|---|
| 编码 | 名称 | 编码 | 名称 | |
| 05 | 商服用地 | 052 | 住宿餐饮用地 | 指主要用于提供住宿、餐饮服务的用地。包括宾馆、酒店、饭店、旅馆、招待所、度假村、餐厅、酒吧等 |
| | | 053 | 商务金融用地 | 指企业、服务业等办公用地，以及经营性的办公场所用地。包括写字楼、商业性办公场所、金融活动场所和企业厂区外独立的办公场所等用地 |
| | | 054 | 其他商服用地 | 指上述用地以外的其他商业、服务业用地。包括洗车场、洗染店、废旧物资回收站、维修网点、照相馆、理发美容店、洗浴场所等用地 |
| 06 | 工矿仓储用地 | | | 指主要用于工业生产、物资存放场所的土地 |
| | | 061 | 工业用地 | 指工业生产及直接为工业生产服务的附属设施用地 |
| | | 062 | 采矿用地 | 指采矿、采石、采砂（沙）场，盐田，砖瓦窑等地面生产用地及尾矿堆放地 |
| | | 063 | 仓储用地 | 指用于物资存储、中转的场所用地 |
| 07 | 住宅用地 | | | 指主要用于人们生活居住的房基地及其附属设施的土地 |
| | | 071 | 城镇住宅用地 | 指城镇用于生活居住的各类房屋用地及其附属设施用地。包括普通住宅、公寓、别墅等用地 |
| | | 072 | 农村宅基地 | 指农村用于生活居住的宅基地 |
| 08 | 公共管理与公共服务用地 | | | 指用于机关团体、新闻出版、科教文卫、风景名胜、公共设施等的土地 |
| | | 081 | 机关团体用地 | 指用于党政机关、社会团体、群众自治组织等的用地 |
| | | 082 | 新闻出版用地 | 指用于广播电台、电视台、电影厂、报社、杂志社、通讯社、出版社等的用地 |
| | | 083 | 科教用地 | 指用于各类教育，独立的科研、勘测、设计、技术推广、科普等的用地 |
| | | 084 | 医卫慈善用地 | 指用于医疗保健、卫生防疫、急救康复、医检药检、福利救助等的用地 |

续表

| 一级类 | | 二级类 | | 含　义 |
|---|---|---|---|---|
| 编码 | 名称 | 编码 | 名称 | |
| 08 | 公共管理与公共服务用地 | 085 | 文体娱乐用地 | 指用于各类文化、体育、娱乐及公共广场等的用地 |
| | | 086 | 公共设施用地 | 指用于城乡基础设施的用地。包括给排水、供电、供热、供气、邮政、电信、消防、环卫、公用设施维修等用地 |
| | | 087 | 公园与绿地 | 指城镇、村庄内部的公园、动物园、植物园、街心花园和用于休憩及美化环境的绿化用地 |
| | | 088 | 风景名胜设施用地 | 指风景名胜（包括名胜古迹、旅游景点、革命遗址等）景点及管理机构的建筑用地。景区内的其他用地按现状归入相应地类 |
| 09 | 特殊用地 | | | 指用于军事设施、涉外、宗教、监教、殡葬等的土地 |
| | | 091 | 军事设施用地 | 指直接用于军事目的的设施用地 |
| | | 092 | 使领馆用地 | 指用于外国政府及国际组织驻华使领馆、办事处等的用地 |
| | | 093 | 监教场所用地 | 指用于监狱、看守所、劳改场、劳教所、戒毒所等的建筑用地 |
| | | 094 | 宗教用地 | 指专门用于宗教活动的庙宇、寺院、道观、教堂等宗教自用地 |
| | | 095 | 殡葬用地 | 指陵园、墓地、殡葬场所用地 |
| 10 | 交通运输用地 | | | 指用于运输通行的地面线路、场站等的土地。包括民用机场、港口、码头、地面运输管道和各种道路用地 |
| | | 101 | 铁路用地 | 指用于铁道线路、轻轨、场站的用地。包括设计内的路堤、路堑、道沟、桥梁、林木等用地 |
| | | 102 | 公路用地 | 指用于国道、省道、县道和乡道的用地。包括设计内的路堤、路堑、道沟、桥梁、汽车停靠站、林木及直接为其服务的附属用地 |

续表

| 一级类 | | 二级类 | | 含　义 |
|---|---|---|---|---|
| 编码 | 名称 | 编码 | 名称 | |
| 10 | 交通运输用地 | 103 | 街巷用地 | 指用于城镇、村庄内部公共道路（含立交桥）及行道树的用地。包括公共停车场、汽车客货运输站点及停车场等用地 |
| | | 104 | 农村道路 | 指公路用地以外的南方宽度≥1.0米、北方宽度≥2.0米的村间、田间道路（含机耕路） |
| | | 105 | 机场用地 | 指用于民用机场的用地 |
| | | 106 | 港口码头用地 | 指用于人工修建的客运、货运、捕捞及工作船舶停靠的场所及其附属建筑物的用地，不包括常水位以下部分 |
| | | 107 | 管道运输用地 | 指用于运输煤炭、石油、天然气等管道及其相应附属设施的地上部分用地 |
| 11 | 水利及水域设施用地 | | | 指陆地水域，海涂，沟渠、水工建筑物等用地。不包括滞洪区和已垦滩涂中的耕地、园地、林地、居民点、道路等用地 |
| | | 111 | 河流水面 | 指天然形成或人工开挖河流常水位岸线之间的水面，不包括被堤坝拦截后形成的水库水面 |
| | | 112 | 湖泊水面 | 指天然形成的积水区常水位岸线所围成的水面 |
| | | 113 | 水库水面 | 指人工拦截汇集而成的总库容≥10万立方米的水库正常蓄水位岸线所围成的水面 |
| | | 114 | 坑塘水面 | 指人工开挖或天然形成的蓄水量<10万立方米的坑塘常水位岸线所围成的水面 |
| | | 115 | 沿海滩涂 | 指沿海大潮高潮位与低潮位之间的潮浸地带。包括海岛的沿海滩涂，不包括已利用的滩涂 |
| | | 116 | 内陆滩涂 | 指河流、湖泊常水位至洪水位间的滩地；时令湖、河洪水位以下的滩地；水库、坑塘的正常蓄水位与洪水位间的滩地。包括海岛的内陆滩地，不包括已利用的滩地 |
| | | 117 | 沟渠 | 指人工修建，南方宽度≥1.0米、北方宽度≥2.0米用于引、排、灌的渠道，包括渠槽、渠堤、取土坑、护堤林 |

| 一级类 | | 二级类 | | 含　义 |
|---|---|---|---|---|
| 编码 | 名称 | 编码 | 名称 | |
| 11 | 水利及水域设施用地 | 118 | 水工建筑用地 | 指人工修建的闸、坝、堤路林、水电厂房、扬水站等常水位岸线以上的建筑物用地 |
| | | 119 | 冰川及永久积雪 | 指表层被冰雪常年覆盖的土地 |
| 12 | 其他土地 | | | 指上述地类以外的其他类型的土地 |
| | | 121 | 空闲地 | 指城镇、村庄、工矿内部尚未利用的土地 |
| | | 122 | 设施农用地 | 指直接用于经营性养殖的畜禽舍、工厂化作物栽培或水产养殖的生产设施用地及其相应附属用地，农村宅基地以外的晾晒场等农业设施用地 |
| | | 123 | 田坎 | 主要指耕地中南方宽度≥1.0 米、北方宽度≥2.0 米的地坎 |
| | | 124 | 盐碱地 | 指表层盐碱聚集，生长天然耐盐植物的土地 |
| | | 125 | 沼泽地 | 指经常积水或渍水，一般生长沼生、湿生植物的土地 |
| | | 126 | 沙地 | 指表层为沙覆盖、基本无植被的土地。不包括滩涂中的沙地 |
| | | 127 | 裸地 | 指表层为土质，基本无植被覆盖的土地；或表层为岩石、石砾，其覆盖面积≥70%的土地 |

2）规划用地分类

《中华人民共和国土地管理法》第四条规定，国家编制土地利用总体规划，规定土地用途，将土地分为农用地、建设用地和未利用地。农用地是指直接用于农业生产的土地，包括耕地、林地、草地、农田水利用地、养殖水面等；建设用地是指建造建筑物、构筑物的土地，包括城乡住宅和公共设施用地、工矿用地、交通水利设施用地、旅游用地、军事设施用地等；未利用地是指农用地和建设用地以外的土地。

《中华人民共和国土地管理法实施条例》第十条规定，县级和乡

（镇）土地利用总体规划应当根据需要，划定基本农田保护区、土地开垦区、建设用地区和禁止开垦区等；其中，乡（镇）土地利用总体规划还应当根据土地使用条件，确定每一块土地的用途。

3）城乡用地分类

《城乡用地分类与规划建设用地标准（GB 50137—2011）》，对城市域内按城乡用地标准分类共分为2大类、8中类、17小类（见表6-2）。

表6-2  城乡用地分类和代码

| 类别代码 | | | 类别名称 | 范围 |
|---|---|---|---|---|
| 大类 | 中类 | 小类 | | |
| H | | | 建设用地 | 包括城乡居民点建设用地、区域交通设施用地、区域公用设施用地、特殊用地、采矿用地等 |
| | H1 | | 城乡居民点建设用地 | 城市、镇、乡、村庄以及独立的建设用地 |
| | | H11 | 城市建设用地 | 城市和县人民政府所在地镇内的居住用地、公共管理与公共服务用地、商业服务业设施用地、工业用地、物流仓储用地、交通设施用地、公用设施用地、绿地 |
| | | H12 | 镇建设用地 | 非县人民政府所在地镇的建设用地 |
| | | H13 | 乡建设用地 | 乡人民政府驻地的建设用地 |
| | | H14 | 村庄建设用地 | 农村居民点的建设用地 |
| | | H15 | 独立建设用地 | 独立于中心城区、乡镇区、村庄以外的建设用地，包括居住、工业、物流仓储、商业服务业设施以及风景名胜区、森林公园等的管理及服务设施用地 |
| | H2 | | 区域交通设施用地 | 铁路、公路、港口、机场和管道运输等区域交通运输及其附属设施用地，不包括中心城区的铁路客货运站、公路长途客货运站以及港口客运码头 |
| | | H21 | 铁路用地 | 铁路编组站、线路等用地 |
| | | H22 | 公路用地 | 高速公路、国道、省道、县道和乡道用地及附属设施用地 |

续表

| 类别代码 | | | 类别名称 | 范围 |
|---|---|---|---|---|
| 大类 | 中类 | 小类 | | |
| H | H2 | H23 | 港口用地 | 海港和河港的陆域部分，包括码头作业区、辅助生产区等用地 |
| | | H24 | 机场用地 | 民用及军民合用的机场用地，包括飞行区、航站区等用地 |
| | | H25 | 管道运输用地 | 运输煤炭、石油和天然气等地面管道运输用地 |
| | H3 | | 区域公用设施用地 | 为区域服务的公用设施用地，包括区域性能源设施、水工设施、通信设施、殡葬设施、环卫设施、排水设施等用地 |
| | H4 | | 特殊用地 | 特殊性质的用地 |
| | | H41 | 军事用地 | 专门用于军事目的的设施用地，不包括部队家属生活区和军民共用设施等用地 |
| | | H42 | 安保用地 | 监狱、拘留所、劳改场所和安全保卫设施等用地，不包括公安局用地 |
| | H5 | | 采矿用地 | 采矿、采石、采沙、盐田、砖瓦窑等地面生产用地及尾矿堆放地 |
| E | | | 非建设用地 | 水域、农林等非建设用地 |
| | E1 | | 水域 | 河流、湖泊、水库、坑塘、沟渠、滩涂、冰川及永久积雪，不包括公园绿地及单位内的水域 |
| | | E11 | 自然水域 | 河流、湖泊、滩涂、冰川及永久积雪 |
| | | E12 | 水库 | 人工拦截汇集而成的总库容不小于 10 万 m³ 的水库正常蓄水位岸线所围成的水面 |
| | | E13 | 坑塘沟渠 | 蓄水量小于 10 万 m³ 的坑塘水面和人工修建用于引、排、灌的渠道 |
| | E2 | | 农林用地 | 耕地、园地、林地、牧草地、设施农用地、田坎、农村道路等用地 |
| | E3 | | 其他非建设用地 | 空闲地、盐碱地、沼泽地、沙地、裸地、不用于畜牧业的草地等用地 |
| | | E31 | 空闲地 | 城镇、村庄、独立用地内部尚未利用的土地 |
| | | E32 | 其他未利用地 | 盐碱地、沼泽地、沙地、裸地、不用于畜牧业的草地等用地 |

4）城市建设用地分类

《城市用地分类与规划建设用地标准（GB 50137—2011）》，将城市建设用地分为 8 大类、35 中类、44 小类（见表 6-3）。

表 6-3  城市建设用地分类和代码

| 类别代码 | | | 类别名称 | 范围 |
|---|---|---|---|---|
| 大类 | 中类 | 小类 | | |
| R | | | 居住用地 | 住宅和相应服务设施的用地 |
| | R1 | | 一类居住用地 | 公用设施、交通设施和公共服务设施齐全、布局完整、环境良好的低层住区用地 |
| | | R11 | 住宅用地 | 住宅建筑用地、住区内城市支路以下的道路、停车场及其社区附属绿地 |
| | | R12 | 服务设施用地 | 住区主要公共设施和服务设施用地，包括幼托、文化体育设施、商业金融、社区卫生服务站、公用设施等用地，不包括中小学用地 |
| | R2 | | 二类居住用地 | 公用设施、交通设施和公共服务设施较齐全、布局较完整、环境良好的多、中、高层住区用地 |
| | | R20 | 保障性住宅用地 | 住宅建筑用地、住区内城市支路以下的道路、停车场及其社区附属绿地 |
| | | R21 | 住宅用地 | |
| | | R22 | 服务设施用地 | 住区主要公共设施和服务设施用地，包括幼托、文化体育设施、商业金融、社区卫生服务站、公用设施等用地，不包括中小学用地 |
| | R3 | | 三类居住用地 | 公用设施、交通设施不齐全，公共服务设施较欠缺，环境较差，需要加以改造的简陋住区用地，包括危房、棚户区、临时住宅等用地 |
| | | R31 | 住宅用地 | 住宅建筑用地、住区内城市支路以下的道路、停车场及其社区附属绿地 |
| | | R32 | 服务设施用地 | 住区主要公共设施和服务设施用地，包括幼托、文化体育设施、商业金融、社区卫生服务站、公用设施等用地，不包括中小学用地 |

续表

| 类别代码 | | | 类别名称 | 范　围 |
|---|---|---|---|---|
| 大类 | 中类 | 小类 | | |
| A | | | 公共管理与公共服务用地 | 行政、文化、教育、体育、卫生等机构和设施的用地，不包括居住用地中的服务设施用地 |
| | A1 | | 行政办公用地 | 党政机关、社会团体、事业单位等机构及其相关设施用地 |
| | A2 | | 文化设施用地 | 图书、展览等公共文化活动设施用地 |
| | | A21 | 图书展览设施用地 | 公共图书馆、博物馆、科技馆、纪念馆、美术馆和展览馆、会展中心等设施用地 |
| | | A22 | 文化活动设施用地 | 综合文化活动中心、文化馆、青少年宫、儿童活动中心、老年活动中心等设施用地 |
| | A3 | | 教育科研用地 | 高等院校、中等专业学校、中学、小学、科研事业单位等用地，包括为学校配建的独立地段的学生生活用地 |
| | | A31 | 高等院校用地 | 大学、学院、专科学校、研究生院、电视大学、党校、干部学校及其附属用地，包括军事院校用地 |
| | | A32 | 中等专业学校用地 | 中等专业学校、技工学校、职业学校等用地，不包括附属于普通中学内的职业高中用地 |
| | | A33 | 中小学用地 | 中学、小学用地 |
| | | A34 | 特殊教育用地 | 聋、哑、盲人学校及工读学校等用地 |
| | | A35 | 科研用地 | 科研事业单位用地 |
| | A4 | | 体育用地 | 体育场馆和体育训练基地等用地，不包括学校等机构专用的体育设施用地 |
| | | A41 | 体育场馆用地 | 室内外体育运动用地，包括体育场馆、游泳场馆、各类球场及其附属的业余体校等用地 |
| | | A42 | 体育训练用地 | 为各类体育运动专设的训练基地用地 |
| | A5 | | 医疗卫生用地 | 医疗、保健、卫生、防疫、康复和急救设施等用地 |
| | | A51 | 医院用地 | 综合医院、专科医院、社区卫生服务中心等用地 |
| | | A52 | 卫生防疫用地 | 卫生防疫站、专科防治所、检验中心和动物检疫站等用地 |

| 类别代码 | | | 类别名称 | 范　围 |
|---|---|---|---|---|
| 大类 | 中类 | 小类 | | |
| A | | A53 | 特殊医疗用地 | 对环境有特殊要求的传染病、精神病等专科医院用地 |
| | | A59 | 其他医疗卫生用地 | 急救中心、血库等用地 |
| | A6 | | 社会福利设施用地 | 为社会提供福利和慈善服务的设施及其附属设施用地，包括福利院、养老院、孤儿院等用地 |
| | A7 | | 文物古迹用地 | 具有历史、艺术、科学价值且没有其他使用功能的建筑物、构筑物、遗址、墓葬等用地 |
| | A8 | | 外事用地 | 外国驻华使馆、领事馆、国际机构及其生活设施等用地 |
| | A9 | | 宗教设施用地 | 宗教活动场所用地 |
| B | | | 商业服务业设施用地 | 各类商业、商务、娱乐康体等设施用地，不包括居住用地中的服务设施用地以及公共管理与公共服务用地内的事业单位用地 |
| | B1 | | 商业设施用地 | 各类商业经营活动及餐饮、旅馆等服务业用地 |
| | | B11 | 零售商业用地 | 商铺、商场、超市、服装及小商品市场等用地 |
| | | B12 | 农贸市场用地 | 以农产品批发、零售为主的市场用地 |
| | | B13 | 餐饮业用地 | 饭店、餐厅、酒吧等用地 |
| | | B14 | 旅馆用地 | 宾馆、旅馆、招待所、服务型公寓、度假村等用地 |
| | B2 | | 商务设施用地 | 金融、保险、证券、新闻出版、文艺团体等综合性办公用地 |
| | | B21 | 金融保险业用地 | 银行及分理处、信用社、信托投资公司、证券期货交易所、保险公司，以及各类公司总部及综合性商务办公楼宇等用地 |
| | | B22 | 艺术传媒产业用地 | 音乐、美术、影视、广告、网络媒体等的制作及管理设施用地 |
| | | B29 | 其他商务设施用地 | 邮政、电信、工程咨询、技术服务、会计和法律服务以及其他中介服务等的办公用地 |

续表

| 类别代码 | | | 类别名称 | 范　　围 |
|---|---|---|---|---|
| 大类 | 中类 | 小类 | | |
| B | B3 | | 娱乐康体用地 | 各类娱乐、康体等设施用地 |
| | | B31 | 娱乐用地 | 单独设置的剧院、音乐厅、电影院、歌舞厅、网吧以及绿地率小于65%的大型游乐等设施用地 |
| | | B32 | 康体用地 | 单独设置的高尔夫练习场、赛马场、溜冰场、跳伞场、摩托车场、射击场，以及水上运动的陆域部分等用地 |
| | B4 | | 公用设施营业网点用地 | 零售加油、加气、电信、邮政等公用设施营业网点用地 |
| | | B41 | 加油加气站用地 | 零售加油、加气以及液化石油气换瓶站用地 |
| | | B49 | 其他公用设施营业网点用地 | 电信、邮政、供水、燃气、供电、供热等其他公用设施营业网点用地 |
| | B9 | | 其他服务设施用地 | 业余学校、民营培训机构、私人诊所、宠物医院等其他服务设施用地 |
| M | | | 工业用地 | 工矿企业的生产车间、库房及其附属设施等用地，包括专用的铁路、码头和道路等用地，不包括露天矿用地 |
| | M1 | | 一类工业用地 | 对居住和公共环境基本无干扰、污染和安全隐患的工业用地 |
| | M2 | | 二类工业用地 | 对居住和公共环境有一定干扰、污染和安全隐患的工业用地 |
| | M3 | | 三类工业用地 | 对居住和公共环境有严重干扰、污染和安全隐患的工业用地 |
| W | | | 物流仓储用地 | 物资储备、中转、配送、批发、交易等的用地，包括大型批发市场以及货运公司车队的站场（不包括加工）等用地 |
| | W1 | | 一类物流仓储用地 | 对居住和公共环境基本无干扰、污染和安全隐患的物流仓储用地 |
| | W2 | | 二类物流仓储用地 | 对居住和公共环境有一定干扰、污染和安全隐患的物流仓储用地 |
| | W3 | | 三类物流仓储用地 | 存放易燃、易爆和剧毒等危险品的专用仓库用地 |

续表

| 类别代码 | | | 类别名称 | 范围 |
|---|---|---|---|---|
| 大类 | 中类 | 小类 | | |
| S | | | 交通设施用地 | 城市道路、交通设施等用地 |
| | S1 | | 城市道路用地 | 快速路、主干路、次干路和支路用地，包括其交叉路口用地，不包括居住用地、工业用地等内部配建的道路用地 |
| | S2 | | 轨道交通线路用地 | 轨道交通地面以上部分的线路用地 |
| | S3 | | 综合交通枢纽用地 | 铁路客货运站、公路长途客货运站、港口客运码头、公交枢纽及其附属用地 |
| | S4 | | 交通场站用地 | 静态交通设施用地，不包括交通指挥中心、交通队用地 |
| | | S41 | 公共交通设施用地 | 公共汽车、出租汽车、轨道交通（地面部分）的车辆段、地面站、首末站、停车场（库）、保养场等用地，以及轮渡、缆车、索道等的地面部分及其附属设施用地 |
| | | S42 | 社会停车场用地 | 公共使用的停车场和停车库用地，不包括其他各类用地配建的停车场（库）用地 |
| | S9 | | 其他交通设施用地 | 除以上之外的交通设施用地，包括教练场等用地 |
| U | | | 公用设施用地 | 供应、环境、安全等设施用地 |
| | U1 | | 供应设施用地 | 供水、供电、供燃气和供热等设施用地 |
| | | U11 | 供水用地 | 城市取水设施、水厂、加压站及其附属的构筑物用地，包括泵房和高位水池等用地 |
| | | U12 | 供电用地 | 变电站、配电所、高压塔基等用地，包括各类发电设施用地 |
| | | U13 | 供燃气用地 | 分输站、门站、储气站、加气母站、液化石油气储配站、灌瓶站和地面输气管廊等用地 |
| | | U14 | 供热用地 | 集中供热锅炉房、热力站、换热站和地面输热管廊等用地 |
| | | U15 | 邮政设施用地 | 邮政中心局、邮政支局、邮件处理中心等用地 |
| | | U16 | 广播电视与通信设施用地 | 广播电视与通信系统的发射和接收设施等用地，包括发射塔、转播台、差转台、基站等用地 |

| 类别代码 | | | 类别名称 | 范　围 |
|---|---|---|---|---|
| 大类 | 中类 | 小类 | | |
| U | U2 | | 环境设施用地 | 雨水、污水、固体废物处理和环境保护等的公用设施及其附属设施用地 |
| | | U21 | 排水设施用地 | 雨水、污水泵站、污水处理、污泥处理厂等及其附属的构筑物用地，不包括排水河渠用地 |
| | | U22 | 环卫设施用地 | 垃圾转运站、公厕、车辆清洗站、环卫车辆停放修理厂等用地 |
| | | U23 | 环保设施用地 | 垃圾处理、危险品处理、医疗垃圾处理等设施用地 |
| | U3 | | 安全设施用地 | 消防、防洪等保卫城市安全的公用设施及其附属设施用地 |
| | | U31 | 消防设施用地 | 消防站、消防通信及指挥训练中心等设施用地 |
| | | U32 | 防洪设施用地 | 防洪堤、排涝泵站、防洪枢纽、排洪沟渠等防洪设施用地 |
| | U9 | | 其他公用设施用地 | 除以上之外的公用设施用地，包括施工、养护、维修设施等用地 |
| G | | | 绿地 | 公园绿地、防护绿地等开放空间用地，不包括住区、单位内部配建的绿地 |
| | G1 | | 公园绿地 | 向公众开放，以游憩为主要功能，兼具生态、美化、防灾等作用的绿地 |
| | G2 | | 防护绿地 | 城市中具有卫生、隔离和安全防护功能的绿地，包括卫生隔离带、道路防护绿地、城市高压走廊绿带等 |
| | G3 | | 广场用地 | 以硬质铺装为主的城市公共活动场地 |

5）获取用地分类

从获取国有土地使用权的法律途径可以分为划拨、出让、转让三种形式，并建立了三种行政管理手段来与此对应。

（1）国有土地划拨。这是中国特有的项目建设用地取得方式。它是拥有土地审批权限的各级政府，根据《中华人民共和国土地管理法》

和《中华人民共和国城市房地产管理法》及《划拨用地目录》（第 9 号令）[①]等有关规定，向符合划拨用地条件的建设项目（项目使用单位）无偿供应土地的一种方式。划拨用地的使用年限是永久性的。

划拨用地包括：党政机关和人民团体用地、军事用地、石油天然气设施用地、煤炭设施用地、电力设施用地、水利设施用地、铁路交通设施用地、公路交通设施用地、水路交通设施用地、民用机场设施用地、特殊用地、城市基础设施用地、非营利性邮政设施用地、非营利性教育设施用地、公益性科研机构用地、非营利性体育设施用地、非营利性公共文化设施用地、非营利性医疗卫生设施用地、非营利性社会福利设施用地。

（2）国有土地出让。是指国家以土地所有者的身份将土地使用权在一定年限内让与土地使用者，并由土地使用者向国家支付土地使用权出让金的行为。出让方式包括招标、拍卖、挂牌、协议。

土地使用权出让最高年限：居住用地七十年，工业用地五十年，教育、科技、文化、卫生、体育用地五十年，商业、旅游、娱乐用地四十年，综合或者其他用地五十年。

（3）国有土地转让。是指土地使用者将土地使用权再转移的行为，即土地使用者将土地使用权单独或者随同地上建筑物、其他附着物转移给他人的行为。原拥有土地使用权的一方称为转让人，接受土地使用权的一方称为受让人。转让方式包括出售、交换和赠与等。

土地使用者通过转让方式取得的土地使用权，其使用年限为土地使用权出让合同规定的使用年限减去原土地使用者已使用年限后的剩余年限。

---

① 国土资源部于 2001 年 10 月 22 日颁布执行。

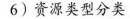

6）资源类型分类

以土地资源类型为划分对象执行五级分类制：土地潜力区、土地适宜类、土地质量等、土地限制型、土地资源单位。这样，根据土地资源类型的不同，建立起土地分类管理体系。这种分类方式是为中国土地资源评价提供服务的。

该分类系统将全国划分为华南区、四川盆地—长江中下游区、云贵高原区、华北—辽南区、黄土高原区、东北区、内蒙古半干旱区、西北干旱区和青藏高原区九个土地潜力区。

此外，还划分为宜农耕地类、宜农宜林宜牧类、宜农宜林土地类、宜农宜牧土地类、宜林宜牧土地类、宜林土地类、宜牧土地类和不宜农林牧土地类八个土地适宜类。

各土地适宜类按农林牧适宜程度与质量高低各分为三个土地质量等级，即一等宜农的土地、二等宜农的土地、三等宜农的土地；一等宜林的土地、二等宜林的土地、三等宜林的土地；一等宜牧的土地、二等宜牧的土地、三等宜牧的土地。多宜土地类按农林牧土地质量等级进行排列组合。

土地限制型划分为无限制、水文与排水条件限制、土壤盐碱化限制、有效土层厚度限制、土壤质地限制、基岩裸露限制、地形坡度限制、土壤侵蚀限制、水分限制与温度限制 10 个限制型。

土地资源单位分类目前没有明确规定，原则上是根据各地区土地资源评价需要而定。

**2. 制度规定权责不明**

在国家的土地制度规定中，存在着所有权确权不明、经营权流转确权不明、使用权确权不明、土地利用方式不明等诸多问题。此外，各地方贸然尝试土地银行，也暴露出一些深层次问题。

1）所有权确权不明

（1）行政区划导致确权不明。此类问题突出表现在海域纠纷上。法律规定国务院代表国家行使海域所有权，但是国家并没有为省级政府及其以下行政单位的具体海域辖区进行权属划分。近年来随着海洋战略地位凸显，海洋经济发展迅速，地方政府间围绕海域、滩涂、海岛等权属纠纷不断出现。

由于中国行政区划多以河流、山脉等自然阻隔为界，这些地区划界难，界限变动大。当界限附近没有开发利用价值时，双方多疏于管理；当该界区一旦具备开发利用价值时，双方就会一拥而上争抢利益，因此产生大量权属纠纷的案件。

（2）历史遗留导致确权争议。此类问题主要包括以下几种：林地、草原、滩涂等是属于国家所有，还是集体所有的土地初始确权不明遗留争议；屯垦、异地农场等形成的土地权属不明遗留争议；乡镇企业、村办企业因产权变动造成的土地权属不明遗留争议；探索农村土地制度改革使土地权属改变遗留争议；村级集体因承担人口迁徙使总量变动但土地分配未作调整遗留争议；其他历史遗留问题等。

（3）家底不清导致确权纠纷。由于勘测、统计等原因使家底了解不清造成的土地权属纠纷。例如，自留山和自留地的边界确认不清，林地、草原、滩涂等边界确认不清，承包地、宅基地"四至不清"[①]等。另外，还存在一定数量的土地统计虚报、瞒报、拒报、迟报等问题。

2）经营权流转确权不明

（1）土地经营权多次流转权属衔接错位。当土地在两个以上主体之间进行多次流转后，会因为流转形式的不同造成权属确认方式的不

---

① "四至"就是地籍上每宗地四邻的名称。一宗地四个方位与相邻土地的交接界线。一般填写四邻的土地所有者或使用者单位和个人名称。"四至不清"主要就是在各种土地资料上填写四至不清楚，没有描述出土地的具体范围。

一致、确权日期衔接不一致等诸多错位问题。

（2）以租代征侵蚀农户利益。部分地区存在村集体以强制方式，用"以租代征"形式来截取土地利益的行为，造成农户个人利益被盘剥、农户的土地权益被侵害。

（3）土地经营权流转确权缺乏程序。这方面主要包括农用地未经审批被私改用途、农村宅基地流转不走规定程序进行等，导致农用地在使用和分配问题上不断发生矛盾。

3）使用权确权不明

（1）规划确权与实际操作偏离。《中华人民共和国土地管理法》规定，使用土地的单位和个人必须严格按照土地利用总体规划确定的用途使用土地，而且乡（镇）土地利用总体规划应当划分土地利用区，根据土地使用条件，确定每一块土地的用途，并予以公告。

目前，由于中国农村的乡、村发展普遍未列入规划①。这在实际工作中造成土地利用方式背离实际，偏差很大。表现在农村建设用地领域的土地权属与其地上建筑物权属相互对应不上。这些问题最终都牵涉到所有权与使用权之间的处理问题，增加了确权工作的难度。

（2）小产权房确权困难。小产权房违规建设，原本可以依据现有法律进行处理。按照合法程序报批兴建的小产权房，面向公众出租不存在法律层面问题；但是房屋使用权确权却面临困难，如"以租代售"等问题。

（3）确权发证工作不到位。土地确权发证是让土地经营权和土地使用权的权属落地的重要步骤。但是在实际工作中，很多地区并没有将确权发证工作落实到位，这给后续工作带来了不利影响。

---

① 2015年5月，北京市级议政会，正式建议将农村规划全面覆盖全市乡、村，建议《北京城市总体规划（2004—2020）》名称改为《北京城乡总体规划（2004—2020）》。

4）土地利用方式不明

（1）土地利用方式缺少其他鼓励形式。在目前相关的法律法规中，已明确的土地利用方式仅限于土地流转①一个类型，其中只包括转包、出租、互换、转让四种具体类型。对这四种具体类型的流转过程、流转关系、纠纷调解都有明确的法律规定，但是对于入股、托管、信托、反租倒包等其他土地利用方式并没有明确的法律规定。

（2）各集体组织之间矛盾频发。由于中国农村土地属于集体所有制，法律规定村民小组、村委会和乡（镇）集体经济组织都是集体组织的代表，这给流转主体确定"流转操作程序"带来不便。农民为了保障自身权益，他们创新出了"三瓣章""五瓣章"等分权制衡的形式②。

（3）利益博弈引发多方争端。一个大的土地项目的推进，需要许多土地集中流转方能实现，若其中有一个农户中途退出，就会导致整个土地流转项目的失败。目前，"挟地要价"问题不断出现，土地流转主体之间的利益平衡问题难以把握，土地流转后难以确保农户利益的稳定性。总之，因土地流转所产生的各类矛盾十分突出。

（4）土地流转迭创土地成本新高。国家一系列惠农、强农政策已使大部分农民从中获益。但是土地流转同时导致了土地成本逐年上升，它制约了规模经济的发展。各地土地流转价格惊人，河北省每亩地超过 1 000 元，安徽省皖北及沿淮部分地区每亩地超过 1 000 元，长江以南及江淮地区每亩地超过 600 元，北京市每亩地超过 1 500 元。

---

① 目前国家相关法律法规中明确的土地流转方式，包括土地转包、出租、互换、转让四种基本类型，还有土地入股、托管、反租倒包等常见类型。近年来随着各地区在土地流转领域的不断创新，又出现了土地信托等新流转方式。

② 在目前农村，村民把一个完整的专用印章分为三部分或五部分，交由各村民小组的 3 或 5 名理财小组成员管理，相互结合才能形成完整有效的印章。这是一种管钱的制衡机制。

（5）"产权碎片化"问题难破解。这是造成土地使用效率低下的主要原因。在农村集体组织推行土地承包制时，为了保证分地的公平性，各地均按照"远近搭配、肥瘦搭配"的原则，将土地划分为数量众多的小块，并辅之以"抓阄"等随机抽取的形式，以致造成目前地块数量众多、产权分散的状况。这种情况在制度层面至今并未寻找到有效的解决方法。

（6）"非农、非粮化"问题撞击耕地红线。"非农化"是指少数工商企业等经营主体在流转来的农用耕地上变相搞房地产、农业休闲庄园、度假区等非农业项目；"非粮化"是指经营主体在流转来的耕地上不种粮食，而是选种植水果、花卉等附加值高的经济作物。"非农化、非粮化"问题使得土地流转工作，面临方向上的重新选择[①]。

（7）土地信托存在政策风险。土地信托作为典型的逐利性金融产品，目前不宜大规模推广。原因在于：它与农户之间存在着巨大的交易成本，难以平衡彼此利益；它与政府之间强制形成信用背书，背离土地权属关系，易引发连锁冲突；土地信托的逐利性决定其必然强迫改变耕地用途，这与中央强调的完善最严格的耕地保护制度的要求相背离[②]。

中国目前已出现了很多有关土地利用方式的探索：土地储备模式、异地占补平衡模式、"三个三分之一"模式、宅基地按比例缩减就地升级改造模式、整建制农转居与土地脱钩模式、征地补偿土地多元化安置模式、集体土地试建租赁房模式等等。这些方式既容易引发混乱，又容易造成地方政府的"越权"行为。

**3. 制度红线已被突破**

目前中国不少地方出现了打着金融创新的招牌，实际在"越界"

---

① 宋健坤. 国家土地银行. 北京：中国财政经济出版社，2013：78.

② 同①79.

开展土地储备、土地增值业务，其行为严重突破国家土地制度的红线。

（1）山西左权：建立土地银行，开展土地置换业务。2009年，左权县成立土地银行，县级为土地银行总行，下设土地信息存储中心、土地产权评估交易中心、土地产权抵押信贷中心三个部门，乡镇依托农经站成立土地银行分行。他们发行农村土地产权证，赋予农村土地以物权性质。以此为手段，实施土地大面积置换，集中土地资源进行庄园经济开发。

（2）河北永清：建立土地银行，进行农村土地储备。2011年，永清县在有关部委的支持下组建了宝岛土地银行，实际为土地储备中心。它们尝试以土地托管方式进行土地收储。当地政府以土地经营权流转与土地股份制改造相结合的方式，对所辖区域内业已规划的拟征农村集体土地进行统一托管，实施土地储备，以期实现土地资本化、收益长期化的目的。

（3）宁夏平罗：建立土地银行，推行退出补偿机制。2011年，平罗县从建立土地银行入手，出台《农村集体土地和房屋产权自愿永久退出收储暂行办法》，采取财政预算安排、房屋流转、收益注入等方式，设立了农民土地和宅基地退出收储基金，按照自愿有偿原则，引导其自愿永久退出农村土地承包经营权、宅基地使用权和房屋所有权，并给予一次性补偿。

（4）贵州湄潭：建立土地银行，开展土地融资业务。1988年8月，贵州湄潭县在地方资金和政策扶持下，建立起土地银行（后更名为土地开发投资公司）。其宗旨是通过土地使用权和其他资产抵押，发放农业中长期投资信贷，致力于土地的整治、开发和流动集中，促进农业经济发展。但是由于该机构在风险控制、资金实力、竞争能力上都出现严重问题，1997年被责令撤销。

这些所谓的土地银行，在促进土地资源与金融资源的耦合方面做出了尝试。这些机构的设立，非但未能满足当地农业经济发展对资金的需求，其行为明显存在着有围法规的问题。

### 6.2.2　国家治理能力需要全面提升

**1. 各自为政**

人为地造成中国土地制度由简单走向复杂、管理效率低下、寻租空间巨大的成因：各行政主体推行的标准、政策及衍生品，名目繁多且缺乏统一性和相互间协调；各部门各自为政、相互冲突，彼此覆盖、争权夺利[①]。

**2. 政出多门**

中国在土地管理的机构设置上，权力交错、机构林立。宏观管理多平台的机构设置，有利于权力的制衡，也明显存在效率低下的问题。目前对土地行使管辖权的部门众多：城市土地管理由住建部主管；农村土地管理机构重叠。其中农业生产由农业农村部主管，土地开发经营由自然资源部主管，渔业生产由海洋局主管，林业、水利等涉农部门都拥有一定的管理权限。这使得中国土地管理处在"九龙治海"的分治状态，缺少一个统一高效的管理主体。

**3. 管理乏力**

突出表现在三个方面：其一，基本农田的保护手段和执法力度乏力。土地执法重点是在乡镇一级，但是目前在乡镇开展土地执法，普遍存在人员少、技术有限、违法难处理等问题。其二，土地利用规划以及相关的新农村建设用地规划、城镇总体规划等没有强制约束力，部分乡镇政府提供变相的信用背书，在农用地使用方面，广泛存在着农村建设用地没有按照规划确定的用途去使用的问题。其三，政府组

---

① 宋健坤. 国家土地银行. 北京：中国财政经济出版社，2013：75.

织下的中介机构缺乏应有的公允性和服务性，专业素质和服务能力较差，基本上没有发挥出独立的第三方作用。

### 4. 功能缺位

中国农村土地金融面临着较多的困难。中国农业是个易受自然灾害影响的弱势产业，这就更加剧了中国农业产业的风险特征。

中国农村金融体系不完善，金融服务供给不足。目前全国每个乡镇平均只有 2.13 个金融网点，平均每个营业网点要服务近 2 万人，金融资源非常紧张。从表面看，中国农村金融服务机构包含了各类政策性、商业性和合作性银行。但事实上，大部分商业银行伴随城市商业化进程的加快，正在逐步撤出农村金融市场，农村金融正在被逐渐边缘化。

农村金融目前较突出的问题是：区域金融资源分布不均衡，农村金融机构设置少；商业金融机构对农业信贷积极性不高；村镇银行受到设立条件等诸多限制，数量少且发挥作用有限；农村资金互助社推进缓慢，新型农村金融机构准入不够充分；中国农业发展银行的政策性金融业务范围窄且支农功能严重弱化，与实现农业现代化的政策性金融需求存在较大差距。上述诸多因素加剧了中国农村金融服务的供需矛盾。

### 5. 制度滞后

当前中国在土地领域存在的问题不是孤立的，它已形成一个复杂的系统性顽疾。土地确权工作迟缓、土地经营权流转尚待规范，加上长期存在的农村金融空心化等问题，这些问题对社会安定构成了不小的冲击。

土地制度滞后是中国农业现代化步伐迟滞、农户收入增速落后于国民经济增速的重要原因[①]。它给国家宏观决策带来三个突出问题：

---

① 宋健坤. 国家土地银行. 北京：中国财政经济出版社，2013：85.

一是今后中国农村土地将以何种方式集中？二是今后中国农村土地将采取何种方式实现土地资源价值最大化？三是今后中国农村土地监管将采取何种模式？刨究问题根源，矛头均指向中国土地制度尚未实施带有根本性、系统性的顶层设计[①]。

## 6.3　土地所有权人权益到位

中国要在市场优化结构上实现均质化发展，新型城镇化建设是其进程中必须跨越的难题。中国已进入中等收入国家行列，但是发展很不平衡，城乡差距量大面广。只有大力推进新型城镇化建设，加速实现国家市场化结构的均质化发展，中国的土地所有权人权益才能真正落实到位。

### 6.3.1　市场化结构的均质化发展考验国家现代化进程

实现市场化结构的均质化发展问题，已经通过模型方式（第 3 章）进行系统阐述。分析得出的基本结论是：建立产权统一的国家所有土地制度，是实现土地资源利用效率和国家资源市场化结构的配置最优化的制度性保障，是市场属性的最大解。

**国家市场化结构的均质化发展是国家实现现代化的市场化结构所要表达的经济结构、社会结构、政治结构、文化结构、生态结构等系统性结构之总和，是考验国家现代化进程的一把金钥匙。**

以经济结构中的区域经济结构为例，北京与周边地区经济呈现出

---

① 宋健坤. 国家土地银行. 北京：中国财政经济出版社，2013：88.

非均衡发展态势，河北环绕北京的相关县市表现出"价值洼地"状态。失衡的根本原因：割裂了区域空间发展的整体性，阻断了资源要素之间的必然联系，消减了资源空间对经济带来的驱动力，拉大了要素移动的空间距离，增加了资源交易的成本，制造了空间生存的质量差距，违背了经济发展的一般性规律。要改变这种状况，必须进行规划重构、产业重塑，推进京津冀人口、资源、环境与城乡一体化的协调发展。只有这样，才能让整个区域提升至均质化发展的轨道，进而才能实现"大首都经济圈"的均衡与可持续性发展。

中国经济目前在整体结构上正处于从非均衡走向均衡、由低结构走向高结构的跨越式发展时期。在此大背景下，国家相继推出"一带一路"、京津冀协同发展、长江经济带发展、长江三角洲区域一体化发展、粤港澳大湾区建设、黄河流域生态保护和高质量发展、推进海南全面深化改革开放等重大国家战略，实施依法治国、从严治党、改进营商环境等一系列重大举措。这些政策和措施的实施，旨在大力推进国家经济尽快走上经济高结构、市场均质化的发展之路。这是中国经济走上高质量发展轨道的必然选择。

### 6.3.2　实现均质化发展的考验是城镇化的顺利实施

要做到让土地所有权人权益到位，必须让国家在整体上实现市场化结构的均质化发展，难点在于如何使中国新型城镇化建设顺利实施。只有让占中国近百分之五十、人口数为 5.5 亿的农民真切体会到土地所有权人权益的真正魅力，才能促进并落实中国土地所有权人权益。这是考验中国土地制度的市场属性是否真正到位的根本点。

中国新型城镇化建设的核心是土地制度的设计。任何想绕过或试图分解此问题以求破解新型城镇化建设的努力，都将是徒劳的。

中国新型城镇化建设全面包含"乡村振兴建设"，是国家为消除"二元结构社会"，实现其境域内"城乡一体化"而实施的制度创新与社会进步的综合实践；是国家着眼于实现未来持久健康发展而实施的利益再平衡工程；是国家为补齐农民应得的历史遗留利益而实施的惠民工程；是实现国家资源空间价值即国家经济社会总价值与国民个人总价值提升的国家工程[①]。

研究表明，未来中国一定是以智慧城市作为技术和标准的总引领，以新型城镇化建设作为主要动能来推动国家经济社会的全面发展。土地制度的创新所带来的制度红利，将让中国实现年度新增消费值超过 3 万亿，实现年度新增的投资值超过 7 万亿，实现城市化贡献率占 GDP 增加值的 2.71%，实现城市化驱动率约为 38.5%。由此证明，新型城镇化必将成为推动中国经济发展的长期动能，这是其他任何产能都无法比拟的，这也是国家土地制度创新的意义所在。

**预测表明（从 2013 年起计算）：中国城镇化的进程将分为东部、中部、西部三大路径来实现：东部约需 16 年基本实现城镇化；中部约需 27 年基本实现城镇化；西部约需 36 年基本实现城镇化。**

具体时间进程：2029 年前后，东部地区基本实现城镇化；2040 年前后，中部地区基本实现城镇化；2049 年前后，西部地区基本实现城镇化。可以肯定，在新中国建国百年之际，中国将历史性地完成人类历史的浩瀚工程——实现新型城镇化的建设。如图 6-1 所示。

---

① 宋健坤. 中国资源空间价值提升路径与发展预测［EB/OL］（2013-4-20）. 世界资源大会发言. http://news.xinhuanet.com/energy/2013-4/20/c_124140618.htm.

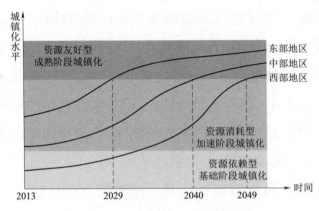

图 6-1　中国城镇化实现路线图

**预测表明：中国资源消耗的高峰期亦将在中国东部地区基本实现城镇化的 2029 年前后出现**①，**届时国家将进入新的发展轨道。**

中国经济发展进入新常态以后，必然选择资产增值的方法来继续保持促就业、稳增长的战略目标。对此方法的选择必须保持高度警惕，做到严控风险。

放眼望去，在土地资源日益紧张的今天，一方面，利益集团攫取出的高尔夫球场、开发区等商业用地比比皆是；另一方面，土地资源的价值通过管理者的掌控，在指标、价格、串地、土地性质转换等不同名目、不同层级的权限演变下，诞生出不同的交易形态与审批方式。这两方面因素都在稳步追求着土地资源的定向增值。

根据未来土地制度的调整偏好来预测，中国农民的命运正在向三个不同方向演变。

一是"同富贵"。农民通过维系生存的土地要素交换未来在城镇生活的全部成本，即赢得未来新生活所必需的生产和生活资料。农民

---

① 习近平. 习近平在出席二十国集团领导人第九次峰会第二阶段会议时的讲话［EB/OL］
（2014-11-15）. http://news.xinhuanet.com/word/2014-11/15/c_1113263749.htm.

以土地换身份，实现与城市人"同富贵"；国家通过资源换空间，进入需求驱动轨道，中国城乡一体化实现良性发展。

二是"现代雇农"。农民以失去地权为条件交换土地资源，实现就地上楼，所获得的仅是小康生活的标签，交换出的是含有地权的土地要素；交换的另一方则因敛地而巨富，成为实际的获利方。而后，农民将成为利益方所雇佣的具有现代意义的"雇农"。

三是"城镇游民"。农民被动地面对土地的交易方式、定价原则、交换结果，将自己的"命根子"交出，换得名义上的城镇身份，最终沦为房屋买不起、工作无着落的"城镇游民"。

事实上，国外理论工作者们早已将后面两种农民的身份转换，精准地定义为：是实现城镇化过程中不幸落入的"中等陷阱"者[①]。

站在明天看今天，土地制度的设计无论做出何种选择，都将涉及多方利益。坦率地讲，新型城镇化建设已经成为各利益方攫取国家公共红利的最后一次晚宴！

"第三次社会变革"[②]，正是针对上述这一深刻的历史背景实施的第三次社会改造工程。由此可见，中国新型城镇化建设的内涵已经远远超越经济和社会范畴，它从始至终触动的核心，正是土地所有权人权益这个高度敏感的问题。

中国新型城镇化涵盖经济、政治、文化、社会、生态文明五大领域，具有消除"二元结构社会"、建立新型土地制度、实施社会改造工程这三大核心使命，堪称当今世界最为复杂的工程之一。

从提升国家资源空间总价值的意义出发，中国新型城镇化建设对

---

① 宋健坤. 国家土地银行. 北京：中国财政经济出版社，2013：90.

② 宋健坤. 中国资源空间价值提升路径与发展预测［EB/OL］（2013-4-20）. http://news. xinhuanet.com/energy/2013-4/20/c_124140618.htm..

于广大发展中国家而言，更具有树立表率和传播价值的双重意义①。

必须指出，新型城镇化建设绝非是传统意义上的"三农问题"，它是"两个人"利益的调整。

"两个人"②是指"乡下人"和"城里人"。"两个人"的利益调整是指"乡下人"与"城里人"共同面对土地资源价值的利益博弈。面对必须阻隔特殊利益集团攫取土地资源利益的共同威胁，土地资源不应成为"两个人"之间互为压榨的对象。"两个人"的边界，不应继续被人为的以"乡下人"与"城里人"来分割，"两个人"的利益，必将伴随共同价值而走向均衡。这是中国土地所有权人权益走向最终的归结点。

习近平同志指出，按照所有者和管理者分开和一件事由一个部门管理的原则，落实全民所有自然资源资产所有权，建立行使全民所有自然资源资产所有权人职责的体制③。这为我们指明了土地制度改革和新型土地制度设计的方向。

---

① 宋健坤. 中国资源空间价值提升路径与发展预测［EB/OL］（2013-4-20）. http://news.xinhuanet.com/energy/2013-4/20/c_124140618.htm.

② 宋健坤. 国家土地银行. 北京：中国财政经济出版社，2013：91.

③ 国务院新闻办公室会同中史文献研究室、中国外文局·习近平谈治国理政. 北京：外文出版社，2014：85.

# 第 7 章

# 国家土地银行体系设计

本章核心是国家新型土地制度和国家土地银行制度的设计。

必须指出,以中国土地制度的本质特征作为根基设计成立的国家土地银行制度,与西方国家传统意义上的土地银行制度有着本质区别。

## 7.1　新型土地制度设计基础

### 7.1.1　国家土地银行的模型

土地价值原理是以最优方式将土地制度三大基本属性置于独立的封闭性土地资源运营平台中,通过土地资源与金融资源的价值耦合实现土地资源价值最大化。

土地价值原理成为支持我们完整设计国家土地银行制度的基础理论。如图 7-1 所示,表示国家土地银行的结构模型。该结构模型,赋予国家土地银行制度如下特殊使命。

(1)从土地资源制度的国家属性看,建立国家土地银行制度,有助于国家明确产权关系、实行"四权分置"管理、控制国家土地收益权,有助于国家推进正确的制度选择、稳定国家政权、实现土地资源价值最大化。

（2）从土地资源制度的全民属性看，建立国家土地银行制度，有助于国家建立土地利益的制衡机制，避免寡头组织非法攫取利益，有助于国家实现土地资源利益的全民共享。

（3）从土地资源制度的市场属性看，建立国家土地银行制度，有助于国家建立有约束的市场化结构模式，避免拒绝市场化和完全市场化倾向，有助于国家建立起防控风险的稳定机制。

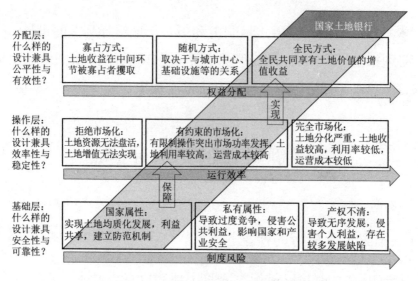

图 7-1　国家土地银行结构模型

## 7.1.2　国家土地信用体系

成立国家土地银行的主要目的是实现国家土地资源价值最大化。要实现这一目标，首先必须实现国家土地资源配置的最优化。那么，实现土地资源配置的最优化的内在机理是什么？使土地资源转化成土地资本，进而促使土地资源的市场化配置实现最优化的动力要素是什么？

研究表明，实现土地资源配置的最优化的内在机理是土地资源与金融资源发生价值耦合作用，我们将其定义为价值耦合机理。

**价值耦合机理：土地资源与金融资源发生价值耦合而产生连续作用于两者间的作用力，该作用力进而成为动力去促进并生成一个具有增值效应的新价值体。它是土地价值原理的重要组成部分。**

价值耦合机理表明，土地资源在与金融资源发生价值耦合后，使其连续不间断产生作用于两者间的、既紧密配合又相互影响的作用力。该作用力促使两者在相互促进与转化的过程中结成一个运动体。这个运动体在形成过程中促使土地资源实现最优化的市场化配置，进而产生了价值的增量行为。以此增量行为做动力，最终形成一个推动价值增量的新价值体。它具有显著的促进新价值体产生的特征。

**在价值耦合机理发挥作用并促使整个价值产生增量行为的过程中，资金成为促成土地资源转化为土地资本，再使土地资源的市场化配置实现最优化的动力要素。**

研究证明，只有"土地资源与金融资源发生价值耦合"才能使土地资源的市场化配置实现最优化，进而去实现土地价值最大化。也就是说，解决大量的、廉价的、可供长期使用的资金问题，成为国家实现并长期保持土地资源市场化配置最优化状态的关键环节。

那么，如何才能解决这一难题呢？最现实的方法是通过建立国家土地信誉体系的途径予以解决。为此，我们建立了"土地债券原理"。

**土地债券原理：国家凭借自己权威建立起国家级金融机构并由国家授权该机构规定管理章程及缔结债务担保责任，在对土地实行抵押基础上以相关利率发放贷款，为筹措用于这种贷款的资金按契约约定向所有者发行生息债券。**

**土地债券原理在资源理论体系中占有重要地位，我们将该定义命名为土地资源理论的第二法则。**

土地债券原理具有重要功能。它能通过发行土地债券方式把所有个人的资金以安全可靠和利率优惠的方式汇集起来，能为国家建立起一个可供长期使用、体量巨大的"资金池"。土地债券一旦发行成功，将为国家土地银行执行国家赋予它的特殊使命提供强有力的工具。

土地价值原理、土地债券原理、土地资本原理（第8章专门阐述），构成国家土地信誉理论领域的重要基础理论，它为成立国家土地银行、国家土地银行未来发行土地债券，奠定了坚实的理论基础。

### 7.1.3 国家土地银行的定义

**国家土地银行是运营管理国家土地资源与开展土地抵押信用业务的国家级金融机构。**

国家土地银行是国家成立的由法律授权其代表国家持有土地所有权和绝对控股权并对土地所有权、土地经营权、土地使用权、土地收益权及土地市场和土地运营体系行使权能，以期稳定土地秩序和实现土地资源价值最大化的国家权能执行主体。它是以国家名义向全体公民拨付惠民利益，履行国家土地所有权统一的国家利益执行主体。它是以国家信誉为基础、以土地作抵押物来发行土地债券，进行融资，办理农业信贷业务，主导国家农村金融体系的国家级政策性银行。

# 7.2 土地权利设计

## 7.2.1 设立土地收益权

土地收益分配权[①]（简称土地收益权）是土地所有权的权能之一，

---

① 宋健坤. 国家土地银行. 北京：中国财政经济出版社，2013：95.

是国家和全体公民依法享有的基本权利。法律授权国家为全国土地利益的代表者且拥有对全国土地利益履行授予、决策、分配和处分的权利。法律明确国家土地的收益分配权归中央政府所有。法律明确个人土地收益权不具有继承性，它伴随个人生命的终结而终止。

土地收益权是依法从土地所有权中分离出来的权能[①]：包括土地所有权主体即国家依法享有和分配土地收益、与地方政府分割土地收益、向农民及全体公民拨付土地收益的权利；包括全体公民依法享有土地收益的权利；包括土地所有权、土地经营权和土地使用权的主体依法在一定时期内行使对土地的占有、经营、使用的权能所获得经济利益的权利；包括国家在国际合作与交战中所获或赔付土地收益的权利。

实际上，在新中国历史上将土地所有权的权能进行分离已有多次。仅土地经营权从土地所有权中分离就有两次：第一次是在封闭的系统内分离。"八二宪法"确立了城乡"二元化"的土地所有制，让土地使用权在集体所有的土地所有制或国家所有制的这两个独立运行的"相对封闭"的系统内进行单向流动。第二次是在城乡统一的建设用地市场里分离。2015 年 2 月全国人大授权国务院实施城乡统一的建设用地的市场改革，让土地经营权在两个不同的土地所有制间进行双向流动，打破了土地经营权的制度壁垒，使农村的经营性土地，收获更多的经济效益。

土地收益权主要涵盖三方面的权利和利益：一是国家的权利和利益，包括国家与地方政府间利益分割的主张；二是农民的权利和利益；三是全民的权利和利益。针对第一方面的权利和利益，应着重解决收益分配的平衡问题；针对第二方面的权利和利益，应着重解决实现权

---

① 宋健坤. 国家土地银行. 北京：中国财政经济出版社，2013：96.

利的保障问题；针对第三方面的权利和利益，应着重解决公平分配的缺失问题。

中国当前不但要解决如何保障农民的根本权利问题，更要解决国家是全国土地利益的代表者与执行土地收益分配权的主体的缺位问题。为了更好地体现国家对土地所有权人权益的落实，必须在新型土地制度的设计中设立土地收益权。事实上，土地收益权的权能早已被"七八宪法"赋予过法律地位。

土地收益权的设立，对于未来解决国家主体行权的缺位，对于国家和农民以土地收益权经过评估入股国家土地银行，对于未来农民以土地收益权经过评估入股农村合作经济组织及以土地收益权经过评估抵押融资，对于国家土地银行开展以土地做抵押发行土地债券及从事金融基础业务，都具有现实意义①。

土地收益权应在以下两方面明确权能。

（1）在法律上明确。土地所有权、土地经营权、土地使用权都已得到法律上的确认。如果能将土地收益权在法律上予以确认，这是对农民利益的最根本保护。

（2）在制度上明确。对土地收益权在制度上直接予以明确，这样能够强有力地阻止其他特权方乘机介入甚至瓜分土地收益，促使土地所有权人权益真正落实到位。

### 7.2.2 确立四类权属

国家依据土地的权属性质，划定四类土地属性。

第一类是土地所有权：其权利属于国家所有，中华人民共和国境

---

① 宋健坤. 国家土地银行. 北京：中国财政经济出版社，2013：96.

内的土地制度实行统一的国家所有制制度，国家拥有对所有土地至高无上的权力，彻底消除"同地不同权""同地不同价"的问题。

第二类是土地经营权：其权利属于中华人民共和国境内的企业法人、农村经济组织及农民个人所有，土地经营权将由国家按法定程序以授权方式获取，并对土地经营权的持有数量采取控制手段。

第三类是土地使用权：其权利属于一切能够履行法律责任和义务的法人、自然人、境外的企业法人所有，土地使用权采取市场化方式获取。对土地使用权的持有数量不采取控制手段。

第四类是土地收益权：其权利属于中央政府和各级政府、中国境内的全体合法公民所有，土地收益权将由国家按法定程序以授权方式获取，以确保土地所有权人权益到位。

对于划定"四类土地属性"和实施"四权分置"管理，必须在法律和制度层面做出明确规定。

## 7.2.3　实施"四权分置"管理

国家在实行统一的土地所有权国家所有制和土地权属四类划分后，按照权属分类原则，对全国土地实行"四权分置"管理。

**土地所有权管理**：将土地所有权收归国家所有，由国家按照法定程序授权直接责任部门实行严厉监管。

**土地经营权管理**：对土地经营权实行依法授权，由国家按照法定程序授权直接责任部门实行严格监管。土地经营权不允许授予境外法人或自然人。

**土地使用权管理**：对土地使用权实行依法授权，让市场选择经营主体，由国家按照法定程序授权直接责任部门实行市场监管。

**土地收益权管理**：对土地收益权实行依法授权，由国家按照法定

**程序授权直接责任部门实行严厉监管。**

做出"土地经营权不允许授予境外法人或自然人"的规定，主要基于以下几方面原因。

（1）从土地的权属看：土地经营权的权属大于土地使用权的范畴。土地经营权的权属中含有获取国家对农民利益输送的权力，具有合法的土地使用权力；土地使用权的权属中仅含有承包人依法（政策、法律、合同）行使土地使用权的权力（范围、时间、权限）。

（2）从土地的主体看：土地经营权的拥有者具有土地发包人的资格权力，可以合法行使土地使用权的对外发包；土地使用权的获取者只能通过发包人的对外发包，依法获取土地使用权。

（3）从土地的交易看：土地经营权的交易，可以通过"土地实物化交易市场"以"土地经营权的流转交易"（简称"土地流转交易"）的方式进行交易；土地使用权的交易，可以通过"土地交易市场"以"土地使用权"拍卖的方式进行交易。

正是基于土地经营权与土地使用权的权能等的不同，以及国家未来实施的"四权分置"管理制度的基本判断，我们做出符合历史发展趋势与本国国情的制度安排。

国家在实现对土地按权属进行"四权分置"管理后，对土地监管的重点将集中在三个方面：一是对土地经营权进行授权与监管；二是对土地使用权进行授权与监管；三是对土地收益权进行授权与监管。

（1）对于拿到土地经营权的主体，一方面要从法律上赋予其抵押、融资、转让其经营权的权利；另一方面要限定其经营权转让的层级，制约其转让成本，保障获得土地使用权的主体在付出合理成本后，能够通过正常劳动获得相应的收益。

（2）对于拿到土地使用权的主体，在其合法获取土地使用权后，只要其有能力遵循法律约束来实现土地收益，就支持其在市场配置资源的原则下，依托土地使用权开展合法经营以获取应有的经济收益。

（3）对于拿到土地收益权的主体，必须遵照国家的法律和制度规定，接受国家土地银行行使对国家土地的相关处置权利，接受国家土地监管部门和银监会的全程监管，切实保障土地所有权人权益。

### 7.2.4　重划资源类别

中国以往的自然资源分类，或遵照重要性原则划分为战略性资源与一般性资源类别，或者按照市场准入性原则划分为禁止、限制、允许等类别。据此，国家再分类制定出相应的产业政策。

中国目前资源分类过于繁杂且标准不一。依据有利于国家未来发展战略的大原则，中国应重新定义资源属性，依据属性划分资源分类（第 5 章明确资源的定义和属性）。为了适应国家未来经济和社会发展的需要，中国自然生态资源应执行"新三类"原则。

**国家命脉性资源：**土地资源、水资源、海岸资源、其他涉及国家社会经济发展与国家和人民安全的特别重要性资源，应列入此类。

**国家战略性资源：**石油、天然气、贵重金属资源、其他涉及国家社会经济发展与国家和人民安全的重要性资源，应列入此类。

**国家一般性资源：**除去一类、二类资源以外的其他类资源，应列入此类。

重新明确资源的执行原则（"新三类"原则），将土地资源定性为国家命脉性资源。以此为基准，按照土地资源的空间特征作出进一步的科学划分：地下权（地下资源开发权）、地面权、地上空间权（建筑物的容积率以及在容积率范围空间内设定的通过权）、海岸资源权（国家海域边界与领海内部行政区域边界内的资源开发权）。制定这一新原则，将为未来国家在土地资源要素的深度开发利用、实施广义监管、明确权责划分等方面制定新政策，奠定坚实的法理保障。

土地资源由目前所处的资源类位置，直接升至国家最为重要的命脉性资源并使其功能细化，这对于未来国家制定和颁布新的产业政策标准，提高与土地相关的产业经营门槛，实施对土地更为严厉的法律监管措施，将起到有力的制度保障作用。

面对日益突出的人口与资源的矛盾，将土地资源放置于未来更为趋紧的国情中去管控，将土地资源定位和资源类别分类标准定位于比现实标准更高，这概源于未来要提高土地市场准入门槛和要加强土地资源监管力度的这一战略考量。

# 7.3　国家土地银行

国家土地银行是代表国家对全国土地运营体系行使管理权。所以在国家土地银行的制度设计上，既要吸取国际上已实行土地银行制度国家的宝贵经验，还要弥补其缺陷，更要让其符合中国土地制度的本质特征。在战略需求上，必须满足解决中国目前存在于土地矛盾背后的一揽子需求。

## 7.3.1　国家土地银行的体系设计

国家土地银行的组织机构体系呈现"三个层级"的垂直化特征。它分为城市土地银行和农村土地银行两大系统，国家土地银行总行垂直管理全国的土地交易市场。如图7-2所示。

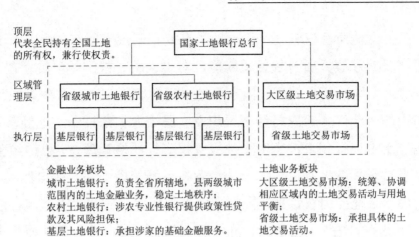

图 7-2　国家土地银行组织结构

## 1. 组织建设

在国家土地银行的体系设计上，要体现法律赋予国家土地银行的法定功能，依照国家土地银行实施的路线图，逐步完成其体系建设；要遵循国家赋予国家土地银行的业务职能，按照"两大路径"设计的原则，全面开展土地存贷及与土地相关的长期信用业务。

在国家土地银行总体框架建立以后，迅速展开城市土地储备和农村建设用地土地市场业务；在国家土地银行的运作模式与实施机制上，要大胆探索和积累经验；在国家土地资源交易市场的建设上，务必采取稳妥的实施步骤。

在国家土地银行完成其体系建设之后，应该在绝对保持控股地位的条件下，适时地进行股份制改制工作；不断完善其法人治理结构，选择有利时机成功募集到充足资金并实现上市。

## 2. 权属赋能

国家在法律上赋予国家土地银行特定权属后，在制度上要给予它必备的基础性职能。按照权责到位原则，让国家土地银行代表国家，对全国土地实行全方位的权能管理。

（1）土地所有权管理：将土地所有权收归国家所有，由国家土地银行代表国家履行所有权行权职能，对土地所有权实行严厉管理。

（2）土地经营权管理：国家土地银行代表国家，对中华人民共和国境内的企业法人、农村经济组织及农民个人依法授予土地经营权；由国家土地银行代表国家对土地经营权实行严格管理，对土地经营权的持有数量采取控制手段。土地经营权不授予境外法人或自然人。

（3）土地使用权管理：国家土地银行代表国家，对能够履行法律责任和义务的法人、自然人、境外的企业法人或自然人依法授予土地使用权；由国家土地银行代表国家对土地使用权实行管理，鼓励市场选择经营主体。土地经营权允许授予境外法人或自然人。

（4）土地收益权管理：国家土地银行代表国家，对各级政府、中国境内的全体合法公民依法授予土地收益权；对土地收益权实行依法授权，由国家土地银行代表国家对土地收益权实行严厉管理，以确保国家、地方各级政府和全体合法公民的土地收益权利益。

## 7.3.2 国家土地银行的功能设计

国家土地银行由法律赋予它两大功能：一是基本功能，具有运营性质，包括土地融资、国家渠道、土地保护、土地价值的利益分配制度这四项具体功能；二是特定功能，具有保障性质，包括所有权行使、土地储备、调控土地、土地价值的利益制衡制度这四项具体功能。

### 1. 基本功能一：土地融资

国家土地银行是由国家建立的代表国家开展以土地作为抵押物办理长期信贷业务的金融平台。它在业务上发挥土地融资的基本功能；它负责对依法取得土地经营权的主体办理以土地经营权作为质押的长期融资服务；它为中国农村金融体系的中小金融机构提供中长期贷款服务，并为其承担信贷风险。

**2. 基本功能二：国家渠道**

国家土地银行是国家赋予它执行特殊使命的政策性银行。它在业务上发挥国家对农村金融服务的主渠道功能；它负责向农业合作组织、农业产业集团以及农民个体直接输送体现国家扶植农业和农村发展的各种优惠政策和利益，做到"点对点"对农民直接服务，取消原有的各类中间环节，将在惠农、利农、便农方面发挥出长久的积极作用。

**3. 基本功能三：土地保护**

土地资源的价值在很大程度上取决于土地资源的禀赋程度。为此，国家将在国家土地银行的基本功能上赋予其代表国家保护土地资源的责任。它不仅将对土地资源整合、土壤修复、兴修水利、环境与资源保护等重大工程提供长期信贷服务，还将对其行使监管权，它是保护国家土地资源的责任主体。

**4. 基本功能四：土地价值的利益分配制度**

这里指法律授权它建立起的两项机制。

（1）土地价值溢价转移机制[①]。它是由国家法律赋予国家土地银行代表国家行使直接向农民拨付土地溢价利益的机制。它改变过去一贯的单一依靠国家财政"二次转移"支付的方式来纾解农民贫困的做法。

具体方法是：通过在国家土地银行建立每个农民的"土地公益金"专户，将当年产生的土地溢价部分，遵照制定的"规则"，做到按年度"直拨"到农民账户。这种方法将彻底解决农民"因地不同"而"收益不同"所产生的历史性难题。

（2）土地价值增值分配机制[②]。它是由法律赋予国家土地银行代表国家行使直接向全体公民拨付"土地增值利益"的机制。过

---

① 宋健坤. 国家土地银行. 北京：中国财政经济出版社，2013：99.

② 同①99.

去由于农民收入低，土地资源长期成为农民获取收益的专属工具。在农民新型农村合作医疗制度和城市住房等基本权利得到保障及用全民财政来补贴农业的大趋势下，土地资源价值的全民共享必将成为现实。

具体方法是：通过在国家土地银行建立每个公民的"土地公益金"专户，在实现当年土地资源价值年度结算后（包括给农民拨付"土地溢价利益"），剩余的价值部分为土地价值的增值部分，将这部分增值价值按照全国公民总人口数实行平均分配，做到按年度"直拨"到每个公民账户。这就是设计建立的土地收益的全民共享制度。

**土地价值的利益分配制度是以"土地收益权"为制度基础，以"土地收益分配制度"为分配手段，以"成立国家土地银行"为实现条件，建立的中国独有的全民共享分配制度。它是公有制制度优越性的体现，是"平均地权"理想的最终实现方式①。**

**5. 特定功能一：所有权行使**

现行《中华人民共和国土地管理法》第二条规定，全民所有，即国家所有土地的所有权由国务院代表国家行使。这是指国务院代表国家依法行使对国有土地的占有、使用、收益和处分的权利。但这样的规定，目前明显存在制度性漏洞。

国务院是国家法律授权的国家所有制的土地所有权的行使权代表，但是权利的行使并不等同于权利的归属。国务院作为最高行政权利机构，显然无法直接承担起国家所有制的土地所有权的行使权职能。目前，中国实际是执行委托方式行使权力，即各级地方政府经中央政府授权来代表国家对土地所有权行使权力。这实质上带来了法律授权主体的行权虚化问题。正因授权主体行权虚化，因此造成了地方

---

① 宋健坤. 国家土地银行. 北京：中国财政经济出版社，2013：99.

政府行权的"越权"，甚至是"滥权"问题①。

成立国家土地银行，使其代表国家行使土地所有权，实现了国家对土地所有权的行使由被动转为主动，打破目前各级地方政府借机分层攫取土地利益的局面，进而将土地这一国家命脉性资源的控制权，牢牢掌控在国家手中②。

### 6. 特定功能二：土地储备

现行法律规定国务院是国有土地的所有权代表，明确了地方各级城市政府无权擅自处置国有土地，只能依法根据国务院的授权处置国有土地。法律同时明令各地方政府禁止在农村开展土地储备业务。

事实上，各地方政府在城市土地储备业务上的操作，早已突破现行法律的限制，其行为的抓手是"以行政政策代法"。同样严峻的是各地方的农村土地储备业务，已箭在弦上，蓄势待发。

面对如此严峻的"土地滥权"形势，必须加快成立国家土地银行。以法律授权的方式赋予国家土地银行全面行使土地储备业务的权利，将土地的收、储、占、用以及土地收益与处分权利，均交由国家绝对掌控，把各级政府的"滥权"行为束缚在法律和制度编织的笼子内。

在体制设计上，一是要将现隶属于各城市土地储备中心的城市储备业务，一并纳入国家土地银行的体系内；二是要将现各地农村的土地流转中心的业务，全部接管或组建起来。

### 7. 特定功能三：调控土地

国家土地银行是国家按照法定程序授权它代表国家兼具稳定国家土地秩序的管理机构。调控土地市场是法律赋予国家土地银行的特殊使命。随着中国社会主义市场经济的深入发展，全国土地要素市场将成为整个市场体系中的重要组成部分。该机构的建立，将起到维护

---

① 宋健坤. 国家土地银行. 北京：中国财政经济出版社，2013：106.

② 同①106.

安定有序的发展环境、平抑土地价格、减少因土地价格过度波动所引发的社会矛盾等作用。因此，它必将成为国家依法调控土地市场秩序的有效执行主体。

**8. 特定功能四：土地价值的利益制衡制度**

土地价值的利益制衡制度包括内在机制和外在机制（本章"房产市场"部分阐述）两部分。这里指法律授权它建立起的内在机制。

（1）中央与地方的土地收益分配机制。该机制建立的前提：法律必须明确国家土地的收益权归中央政府所有，国务院拥有国家土地收益分配的决定权；法律必须明确国家土地收益的分配原则与实施办法；法律必须明确国家土地银行代表国家（具体为国务院）行使对国家土地的收益与处分的权利。据此建立起由国家土地银行履行职责的国家土地收益分配执行机制。

（2）土地利益的阻隔机制。该机制建立的前提：法律必须明确国家土地的收益是属于国家和全体公民共同所有，境外机构和境外自然人均无权涉足此利益；法律必须授权国家土地银行建立起独立的运营管理体系。据此建立起国家对土地利益的阻隔机制。

**土地价值的利益制衡制度是以维护国家政权稳定为核心利益，以土地利益的阻隔机制为基本手段，以防范利益方获取不法利益与实现全民共享利益为基本目标，建立的中国独有的现代土地管理制度。它是"治理体系和治理能力现代化"的具体体现。**

## 7.3.3　运营模式

国家土地银行的运营模式是：国家主导、政策扶持、分级承接、多类协作。

设计国家土地银行运营模式的主要目的是为了建立起高质量的中国农村金融服务体系。它关系到未来能否高效地为中国农业发展提供金融服务。为此，国家必须在农村金融体系上建立起分工定位明确的职责，即建立起由国家级银行主导、政策性金融机构扶持、国家与民间金融机构上下分级承接、多类金融机构密切协作的运营模式。

国家土地银行是特殊法人，它的业务对象主要是金融机构和大型企业法人。它在国家农村金融体系中发挥控制信贷、调节流通的"中介人"作用，它直接兼具商业银行"第一人"职能。因此，它具有控制与经营的双重功能。

**1. 国家主导**

国家土地银行在设计之初就被赋予主导国家农村金融体系的使命。因此，它在国家未来农村金融体系中担当着国家金融服务领导者的责任。这是国家土地银行运营模式的主要特征。

中国农村金融需求即将发生结构性改变：需求的主体，将由传统的小农个体向现代化的农业企业主体过渡；需求的品种，将由传统的生产性金融需求向多层次、多样化的衍生性金融需求发展；定价方式，将由传统现货定价转向期货定价方式。未来农村金融需求将出现快速增长。截至 2018 年末，全国银行业金融机构涉农贷款余额 30 万亿元，较年初增加 336.8 亿元，同比增长 5.6%，持续保持增长态势。

与之形成鲜明对比的是目前中国农村金融体系不健全的矛盾更加突出，根源在于国家农村金融功能的弱化。面对农村金融需求不断提高与农村金融提供能力不断弱势的被动局面，必须加强国家在农村金融体系中的控制力，将国家土地银行打造成为有中国特色的、体系完整、功能突出、服务上乘、管服结合的国家农村金融体系的领导者。只有这样才能尽快改变目前中国农村金融服务的不利局面。

**2. 政策扶持**

政策性银行是国家土地银行运营模式的基本特征。

由于农业是风险较高的弱势产业，商业金融机构介入的积极性不高；农村金融机构设置少，区域金融资源分布不均衡。这些情况反映出中国农村金融体系的现状。为了有效提高国家在农村金融体系中的服务能力，国家必须赋予国家土地银行以政策扶持的功能。因此，国家土地银行一定是国家级的政策性银行。

### 3. 分级承接

国家土地银行的分级承接职能，主要通过其建立的"三个层级"来实现。这是国家土地银行运营模式的突出特征。

（1）国家土地银行总行。代表国家和全体公民持有全国土地的所有权，行使中央与地方的年度土地收益分配权，行使农民的"土地价值溢价转移"和全体公民的"土地增值利益共享"的年度土地收益分配权，管理全国农业信贷，发行土地债券，负责执行国家重大涉农项目以及参与国家土地宏观政策的制定，直接管理全国土地交易市场，稳定国家土地秩序。土地所有权和土地收益分配权的管理权由国家土地银行总行持有。

（2）省级分行。分为两个独立承担业务职能的板块：一是省级城市土地银行板块，负责全省所辖地、县两级城市土地储备业务；二是省级农村土地银行板块，对全省所辖地、县两级涉农专业性银行提供政策性贷款及其风险担保，开展农村土地储备业务和农村建设用地市场业务，以此稳定农村金融市场和土地秩序。省级分行代表国家和总行对土地经营权行使授予权。土地经营权的管理权由省级分行代表国家土地银行总行持有。

（3）基层银行。承接上级延伸业务，为土地经营权持有者提供土地抵押信贷业务服务，负责政策性"点对点"职责服务，承担涉农基础性金融服务及国家土地银行的基础业务。基层银行代表国家和总行对土地使用权行使授予权。土地使用权的管理权由基层银行代表国家土地银行总行持有。

### 4. 多类协作

多类协作是国家土地银行运营模式的又一特征。

世界各国政府为了促进农业发展,采取多种方式支持农村金融发展。例如,美国由政府农业信贷机构、合作农业金融机构和私营农业信贷机构组成的"多元复合型"模式;德国由官方金融机构适度控制半官方和私人金融机构组成的"国家控制中介型"模式;法国则采取多个层级的"国家主导型"模式。

多类协作意味着中国建立的农村金融体系是一个国家主导,多类协作的敞开式体系。它既有纵向发挥国家主体控制作用的国家土地银行;又有横向发挥金融协作作用的商业银行;还有上下承接发挥金融补充作用的非公涉农专业性银行。以此鼓励社会的各方力量通过多种方式建立金融平台,开办农村金融业务,完善农村金融体系,服务农业和农村建设。

## 7.3.4 国家土地银行的路线图

国家土地银行的推进原则:通过理论分析和法理论证,完成结构设计;通过骨干力量培养和示范基地积累经验,建立核心机体与执行路线图;通过机构组建和功能到位,完成国家土地运营管理和全国农村金融体系建立;通过建立国家土地银行,完成统一国家土地所有权的使命。

## 7.3.5 国家土地银行的实现机制

必须依照其性质,体现出三方面的机制特征。

### 1. 股权机制

国家土地银行以股份公司方式组建。国家土地银行的股东构成:

国家股权由国家持有的土地收益权经过评估入股并经授权交由国家土地银行持有；其他土地收益权持有者经评估入股；特许投资者以现金投入方式投资入股。资本金由国家财政出资或国家社保基金投资入股解决，这让全体公民在法理上获得土地收益共享权。

由于股权在特定条件下必然会成为国家土地所有权的集中代表。因此，国家土地银行必须经法律授权代表国家持有股权并在股权结构中拥有绝对优势。国家土地银行上市后，允许机构和公众投资持股，必须保持国家土地银行拥有绝对控股权地位。

**2. 管理机制**

国家土地银行是国家领导的封闭性土地运行管理体系。由法律赋予国家土地银行开展土地存贷及与土地相关的长期信用业务，允许其发行土地债券，允许其向中央银行借款，允许其吸收农业企业和农民的存款，以增强国家土地银行的贷款发放能力。

**3. 风控机制**

一是建立起银行金融体系共同具有的风险控制机制，加强金融监管；二是建立起防范土地交易市场做空的预警机制，即建立起限制非正常性的土地高额交易活动的机制。这些措施是防范土地出现泡沫化的重要手段；三是建立起国家土地银行特有的地价评估机制，这是防止土地价值流失的有效保障机制。

### 7.3.6　国家土地银行的保障措施

**1. 政策保障**

国家在宪法层面作出调整，同意土地所有权实行统一的国家所有制；同意土地权属划分为土地所有权、土地经营权、土地使用权和土地收益权四类属性；同意对土地资源实施"四权分置"管理；同意执行自然生态资源"新三类"原则；同意完善各项法律和政策，为国家土地银行实施高效管理提供法律与制度性保障。

**2. 资金保障**

国家土地银行前期资本金由国家财政出资或国家社保基金入股解决，后期资金同意其发行土地债、向中央银行借款、国家土地银行上市以及存款等多种方式解决。

国家土地银行上市募集资金项目，确定在补充国家土地银行资本金、充实全国农村社保基金、国家涉农重大建设项目、以上市募集资金定向回购农民的土地收益权等领域。

国家土地银行必须拥有充沛的资金，这是实现国家主导农村金融体系发展、维护国家土地秩序稳定、完成国家土地所有权制度统一等重大任务所必需的战略性保障。

**3. 市场保障**

国家土地银行的成立将大大提高资源的配置效率，为国家经济发展释放出巨大的动能，为推进有约束的市场经济体系建设发挥出积极作用。它将有力推进国家的土地市场、房产市场、农业市场这三大主要市场进行结构升级。因此，国家必须为国家土地银行实现有效运营提供全面保障。

## 7.3.7　先行示范积累经验

在统一部署和严格监督下，可选择有条件的地区"先行先试"：例如，选择黑龙江、海南、新疆等省区的大型国营农场或建设兵团，采取相对"闭合方式"进行示范操作；选择西北部人口稀少的地区，采取相对"闭合方式"进行示范操作；选择有条件省区的全流域地区，采取相对"闭合方式"进行示范操作；选择东部发达省份的独立地域，采取相对"闭合方式"进行示范操作。在取得规模性和区域性的成功经验基础上，推出国家土地银行的成熟性实施方案。

### 7.3.8 国家土地银行推进路径

国家土地银行按照"两大路径"原则推进。

第一大路径：依据"三步走"的步骤，从启动宪法改革程序入手，进行自上而下、整体性、创新性、全系统的推进，实现国家土地所有权制度的统一。这是一条依靠强大政治力量做后盾、自上而下、由难至易的路径。

第二大路径：依据"先上马、后配鞍"的步骤，从启动行政制度改革入手，由局部基层试点到顶层全局推开，先开展要素改革深化，再由金融业扩展到农业，最后启动宪法改革程序，实现国家土地所有权制度的统一。这是一条先避重就轻、后突破重点、自下而上、由易至难的路径。

### 7.3.9 国家土地银行的操作步骤

#### 1. 第一大路径

按照成立国家土地银行推进路径，实施"三步走"。

第一步，实行土地收益权制度，以土地收益权入股农村经济体，实现国家土地经营权的集中。其执行要点分为以下几方面。

（1）依法将土地收益权从土地所有权中分离。农民以自己的土地收益权经过评估作价，以股权投资方式投入到农村经济体中，农民上交土地经营权获取农村合作经济体中相应股份，享有持股分利的权利并保留自己的土地收益权。

（2）依法集中土地经营权消灭土地碎片化。农村合作经济体在吸纳农民以土地收益权入股的同时，全部集中农民手中的土地经营权，彻底消灭土地碎片化，推动农业集约化发展。这使土地经营成本明显低于土地流转模式。将农村的土地经营权统一集中于农村合作经济体，为第二步彻底解决土地所有权问题，创造了有利条件。

（3）必须明确，这个阶段是实施土地制度改革的起步时期。这个阶段的重点是向广大农民展现国家保障农民根本权益和实现土地集约化经营这一强大政治意愿。因此对农民入股农村经济体，必须采取开放式的态度，即自愿进入和退出。这是保证土地制度改革顺利进行的关键。

第二步，成立国家土地银行，以土地收益权入股国家土地银行，实现国家土地所有权制度的统一。其执行要点分为以下几方面。

**（1）依法成立国家土地银行实现国家土地所有权的统一。**农民上交土地经营权，其土地收益权经评估作价以股权投资方式入股国家土地银行并获得相应股份，享有持股分利权利且保留土地收益权。这样农村集体所有制土地全部集中入股到国家土地银行。从法理上讲，当农民将土地经营权集中上交，获得以土地收益权换取实名持有国家土地银行股权的同时，原农村集体所有制土地的权能因"自行交还"国家而"消失"。因此，当国家土地银行代表国家接受全部农村集体土地入股的时刻，已在法理上历史性地完成了国家土地所有权在制度上的统一。

（2）依法开展"土地转贷"业务。国家土地银行在吸纳农民以土地收益权入股后，农业企业因新契约形式的产生使其获取低成本、大面积的土地，实现土地集约化经营。集中起来的土地经营权由国家土地银行持有，国家土地银行按照银行运营模式或开展"土地转贷"业务，或实施土地使用权"授权经营"。

（3）必须明确，这个阶段是实施土地制度改革的过度时期。这个阶段的重点是向广大农民展现国家以国家土地银行为主体实施土地所有权在制度上的统一和国家直接向农民输送土地利益这一强大政治意愿。因此，对先期入股农村合作经济体的农民：或允许其整体入股国家土地银行并给予每一位农民在国家土地银行的相应股份及保留土地收益权、土地经营权再回到农村合作经济体；或允许农民退出农村合作经济体，直接入股国家土地银行并享有持股分利的权利及保留土地收益权、土地经营权上交至国家土地银行。农村集体建设用地可先入股国家土地银行，再以"土地转贷"的方式进入市场经营。

第三步，实现国家土地收益权的再集中。其执行要点分为以下两方面。

（1）国家土地银行以发行土地债与上市募集资金两种方式，定向回购农民的土地收益权，实现国家土地收益权的再集中。

（2）土地收益权回购要在国家法律允许、自愿公平的原则下进行。回购必须是以"等价货币"方式进行交换，还要赋予被回购者全民资源共享权。

**（3）必须明确，这个阶段是实施土地制度改革的定型时期。这个阶段的重点是实现国家土地收益权的再集中。必须指明，国家土地收益权再集中行为不是针对所有农民，是特指"已脱离土地经营方式，其生存确有保障或进入城市由其亲属保障"而自愿选择放弃持有土地收益权的部分农民。**

**2. 第二大路径**

按照成立国家土地银行推进路径，实施"先上马、后配鞍"。

第一步，成立国家土地银行。其执行要点：通过法律程序成立国家土地银行，以制度方式完成国家土地"半封闭化"运营体系的建立，重构国家农村金融服务体系。

第二步，建立国家土地监管制度。其执行要点：通过法律程序建立土地收益权和"阻隔利益"制衡机制；通过行政方式确立土地四类权属划分和实施"四权分置"管理的原则；通过组织手段完成国家土地储备制度的统一管理，实现国家土地监管制度现代化。

第三步，实现国家土地所有权统一。其执行要点：通过宪法程序确立土地国家所有制，完成国家土地所有权的统一，建成由国家土地银行进行"股权化"设置与管理的国家土地的"封闭化"运营体系，实现国家土地资源价值最大化。

必须明确，在该路径的实施过程中，必须以高度的"政治敏锐性"掌控全程，做到在实施过程中"嵌入农村土地的权能要素"，使之顺应改革进程的需要。

# 7.4　三大主要市场

土地市场、房产市场和农业市场这三大主要市场均与土地制度的设计有着密切关系。

## 7.4.1　土地市场

从资源禀赋与国家安全来定位，建立全国统一、规范化的土地市场，赋予国民更多的财产权利，这是国家赋予国家土地银行的基本使命与重大职责所在。为此应尽快成立国家土地银行，将资源配置机制由低效率、发散状的行政配置方式，转向由国家土地银行来集中配置。确立国家土地市场的交易主体地位，实现土地由沉淀性资源向增值性资本的转变。

中国土地市场，目前是一个尚未开放、领域相对狭窄，并非是充分竞争的市场体系。随着全国实施"分类准入"的原则，入市的门槛将会日益抬高。不过，单就市场功能而言，土地市场终将成为中国未来资源要素市场体系中最重要的资源要素配置高地。为此中国土地市场的建设，必须同时推进完善土地法律法规和构建土地交易市场这两项举措。

**1. 完善土地法律法规**

（1）完善法律制度建设是土地市场的基础工作。从国际经验看，西方国家的土地市场十分发达，皆与法律制度健全有关。其中包括：土地的买卖、出租、抵押制度；对土地性质的界定、交易范围、交易程序；对土地交易的注册、定价、收费、纳税；对土地交易对象的确定、限定、管理方式；对土地的规划、评估、管制与纠纷处理方式等都有详细的法律规定。为此，中国必须扎实地做好完善法律法规的基础性工作。

（2）完善产权权能建设是土地市场的基础工作。中国农村经济结构、社会结构正在发生深刻变化，农村集体资产总量不断增加，已经成为农村发展和农民共同致富的重要物质基础。但是农村存在着农村集体和农民个人生产资料产权归属不清晰、权责不明确、保护不严格等问题，这些情况严重侵蚀了农村集体所有制的基础，挫伤了农民生产的热情，影响了农村社会的稳定，因此必须加快完善这方面的法律与制度范畴的建设工作。

**2. 构建土地交易市场**

中国在目前成立全国性的土地交易市场并不适合。现阶段，一方面，应该从实际情况出发，允许行政配置与市场配置这两种机制并存，另一方面，应该遵循和掌控中国未来土地交易市场必将走向证券化与实物化相结合的这一发展趋势。在国家土地银行的管理体系内，建立两级土地交易市场：一级为大区级土地证券交易市场（全国限若干个）；二级为省级土地实物化交易市场。

（1）建立全国大区级土地证券交易市场。首选交易商品是土地收益权的交易。土地收益权作为一种创新性的特殊商品，必须在实现土地收益权的证券化后，才能在大区级土地证券交易平台上交易。土地收益权证券化交易的实现基础是：建立土地收益权标准与评估、土地收益权定价与交易、土地收益权质押与结算、土地收益权异地交割管理流程与监督制度等一整套的交易制度。

（2）建立省级土地实物化交易市场。首选交易商品是土地经营权的流转交易（简称土地流转交易）。土地流转交易作为一种实物化的"大众急需性"交易商品，具有属地性，必须在省级土地实物交易平台，采取按宗地挂牌的方式进行交易。该商品将为全国农村合作组织和农业产业集团提供丰富的土地要素，将为推动农业实现集约化和现代化发展做出特殊贡献。

国家明确提出将改变传统的土地管理方式[①]。在省级土地实物化交易平台完成构建"土地流转交易"的全套规则并先行成功交易之后，再将该商品的成功经验向全国各省级土地交易平台进行复制与拓展。这是中国土地交易市场行稳致远的做法。

与此同时还要着眼未来，尽快建立起适应经济发展新趋势的高端资源储备。随着世界科学技术的发展，以区块链技术为标志的新一代技术手段将进入应用阶段。未来土地地块的划界、土地性质的评价、土地价值的评估、土地交易方式的升级，都离不开大数据库的支撑，都将以新科技手段来实现。而数字资源、数字资产、数字定价、数字货币等新业态亦将随之产生。为此，必须提前做好以高科技作为核心内容的高端资源的储备，以此迎接新技术革命带来的高端要素市场的蓬勃发展。

---

① 2020 年中央一号文件|中共中央国务院关于抓好"三农"领域重点工作确保如期实现全面小康的意见［EB/OL］（2020-02-07）. http://www.longnan.gov.cn/4455585/27083427.html.

## 7.4.2　房产市场

如何理顺当前扭曲的房产市场，使其成为推动国民经济发展的真正引擎，这是当今决策者亟待破解的难题。

鉴于土地市场与房产市场的密切关系，在设计土地制度时必须兼顾房产市场的设计。这里主要指由法律授权其建立起的土地价值的利益制衡制度的外在机制。它由两部分内容构成。

**1. 构建通道机制**

第一，要成立基础设施建设专业银行。今后凡是地方政府开展与城市基础建设有关的业务，其融资业务必须纳入这个"融资篮"中进行。

第二，要成立房屋建设专业银行。今后凡是房产开发的业务，其融资业务必须纳入这个"融资篮"中进行。

第三，要成立百姓房屋购买扶持基金。今后凡是有改善房屋需求、符合救助条件的公民，必须通过独立审批制度审核、在获取该基金支持后，获得"没有房产权，只有居住权"的社会福利住房。"房子是用来住的，不是用来炒的"，必须用制度措施去落实这一目标。

构建通道机制的意义在于：一是使房产业务与规划职能直接挂钩，利率与信贷接受严格管束，将房产市场改变为"渠道单一透明、门槛准入抬高、利润形成降低、暴利阻隔有效"的新型机制；二是政府以支付低价房租方式推行"没有房产权，只有居住权"的社会福利住房新模式。必须改变政府目前推行的以低价购买未来可变现的有房产权的住房模式。

各级政府在推行公共政策时应时刻谨记资源共享权使用原则，侵害公民共享利益的行为一旦发生，都会以全体公民的均等权益受到侵害作为代价来支付，必须停止侵害公民共享利益的行为。

**2. 构建隔离机制**

第一，要将目前房屋产品强制性列为特殊商品；第二，要对房地产业在资源获取、产品产出、产品定价、产品交易、市场服务、市场监管的整个产业链条，实施全程化的监管；第三，要收缩房屋产品在大众群体中的持有数量，压缩房屋产品的利润率，进一步降低人们试图通过获取该商品来牟取暴利的行为空间。

采取与一般性商品明显有区别且有约束的隔离制度，目的是将目前的房屋产品强制性地列为特殊商品，以此杜绝其在产业链中形成暴利的可能。

中国经济发展的最大失误是未区分国情，盲目且过早、无计划、无节制地实施了房屋产品作为一般性商品的政策。造成了中国目前以追求房产数量为目标，加剧敛拥财富，导致社会财富分配日益拉大，以至造成社会严重分化的现状。深刻分析其成因，我们发现并确立了土地黑障原理。

**土地黑障原理：指将市场机制无节制地引入房地产的市场中，使之在经济和社会这双重领域产生"属性不同且结果相反"的对立性反馈效应。**

**土地黑障原理在资源理论体系中占有重要地位，我们将该定义命名为土地资源理论的第四法则。**

土地黑障原理在理论上揭示了房地产市场因无序发展造成的社会危害，指出其因聚敛土地财富而造成社会撕裂的状况。因此，必须制止这种无序发展的状况。西方国家在这方面经历过惨痛的教训，中国理论界至今尚未认识其危险性。

从中国土地资源稀缺性的基本国情与促进房产市场长期健康发展的基本原则出发，建立起"土地价值的利益制衡制度"的"外在制衡机制"，对于培育和重建房产市场的公平竞争秩序，保护和促进房产市场可持续发展，构建和谐有序的中国社会，均有深远影响。

我们从土地黑障原理再次认识到，在中国建立"有约束的市场化模式"的必要性和特殊意义。

### 7.4.3　农业市场

**中国农业产业现状：基本处于"改造农业 1.0 模式，普及农业 2.0 模式，示范农业 3.0 模式"阶段。**

中国经济与社会发展已经对农业在粮食安全、产业结构升级、金融体系服务、食品安全保障等领域提出了迫切要求。

粮食安全必须掌握在自己手里。粮食安全问题不解决，中国的国家安全很难得到保障。粮食安全带来的压力是多方面的：中国用不到世界 9% 的耕地养活占世界近 20% 的人口，18 亿亩农耕地的底线压力巨大；粮食安全不仅关乎经济发展、产业转型，更关乎环境保护、社会服务等多个领域；粮食安全不只涉及耕种刨除的生产环节，更需要从全产业链的视角，保证粮食科研、仓储、流通、加工、应急等环节畅通无阻。从 2002 年底爆发的非典型肺炎到 2019 年底爆发的新型冠状病毒肺炎表明，中国在国家战略储备环节尚存在明显不足。保障粮食安全可谓任重道远。

中国经济目前处于结构转型升级阶段。就系统科学而言，一个国家工业结构的升级，必然同步带动以土地为载体的农业产业结构的升级；国家农业生产方式的升级，必然要求国家的土地运营管理模式升级，要求国家土地监管模式升级。世界银行研究报告指出，当人均 GDP 大于 1 000 美元后，农村的土地运用和市场价值充分显现出来。2019 年中国人均 GDP 超过 10 000 美元，市场已经显现出提升土地市场价值的需求。改变中国农业低级的生产方式，成为趋势性要求。

中国农业金融服务质量将获显著提升。在"农业 1.0 模式"和"农业 2.0 模式"阶段，由于存在缺少固定资产抵押物、担保及信贷主体资金实力弱等原因，农业发展缓慢。进入"农业 3.0 模式"阶段，国家对农村金融体系重建，国家土地银行成为农业金融服务的主体，制约农业生产力发展的瓶颈问题被彻底解决。由此将释放出农业经济发展的巨大产能。

农业的食品安全问题将得到系统性解决。食品安全问题涉及面广，从土壤质量下降、到粮食和果蔬的农药残留及生长激素滥用，从农业及农产品的全国质量监测、监管体系不健全，到以生鲜电商和新零售为载体的巨量"裸检"农产品进入市场和家庭，问题无所不包。农业的食品安全问题已成为全民面临的生态和安全的痛点。若对生态环境和食品安全日益严重的问题再不加以重视，很可能促使癌症患者年轻化的大爆发。

为此，必须加速推进"农业 3.0 模式"发展。届时，将实现产业升级、金融服务提升、粮食安全与食品安全得到保障，国家将实现以科技创新带动消费升级的战略目标，中国经济将伴随农业经济的增量发展实现国民经济的整体增量发展。

## 7.5　土地监管体系

根据新的资源定义和执行自然生态资源"新三类"原则，土地属于资源范畴，所以在土地监管制度设计中，在对监管主体、监管体系、监管权责、监管对象、监管组织结构等制度的表述中，均应以资源来涵盖土地。

**1. 监管主体**

国家土地监管体系的主体是国家资源监督管理委员会。它经国家授权承担国家资源监督管理体系的职责，同时是国家土地监管体系的主要责任者。其他与土地资源相关的行政管理部门负有协助监管的责任；与司法相关的国家法律机构，负有宏观监管的责任。为此，必须做到以下几点。

（1）要将自然资源部、农业农村部、海洋局、林业局及其他部委的土地监管职能，全部并入到国家资源监管委员会的体系内。

（2）要在制度上明确国家资源监管委员会与其他相关部委、其他司法机构的主、次权限划分和责任认定。

（3）要在制度上确认国家资源监管委员会与国家银监会同时对国家土地银行负有监管责任，两者要明确其对监管权责的界定。

（4）要对土地、房产、农业这三大国家级主要要素市场的监管进行制度创新，为促进资源要素的市场化配置创造积极条件。

**2. 监管体系**

国家土地监管体系由主轴与辅轴两条轴线构成。主轴由国家资源监督管理委员会的独立垂直体系组成，辅轴由国家负责不同业务的行政职能部门与国家负责宏观监管的司法职能部门共同组成。主、辅轴交叉，形成主辅清晰、权责分明、监管协作、高效运行的国家土地监管体系。

支撑国家土地监督体系的监管主轴和辅轴与国家土地运营管理体系交叉，与土地所有权、土地经营权、土地使用权和土地收益权相切，构成国家土地监管与土地运营的网络结构，由此形成国家的土地运营与监管结构图。如图 7-3 所示。

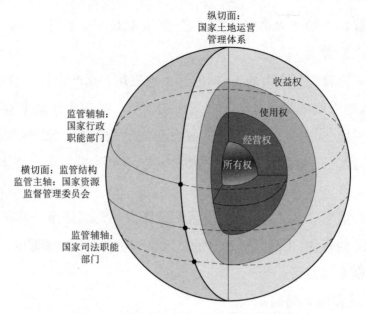

图 7-3　国家的土地运营与监管结构图

### 3. 监管权责

国家资源监督管理委员会的主要职责：负责国家所有资源，包括土地及其上的矿产、森林、海岸线（国家应该以公里限定国家与省级管辖范围）、海洋、海底的矿产资源的监管；负责保护国家土地的自然、历史、空间开放资源；负责国家对土地的所有权、土地的经营权、土地的使用权、土地的收益权进行规范与监管；负责国家对土地市场、房产市场、农业市场、土地评估的监管；负责国家土地的地籍调查、土地的利用规划、土地的调查建档、土地的信息管理；负责国家稳定土地秩序、查办违法行为；负责国家在管理土地资源的法律和制度上授权的与土地监管相关的职责。

### 4. 监管对象

国家土地监管体系的重点监管对象有以下四个方面。

（1）监管"四权"，指监管土地的所有权、土地的经营权、土地的使用权、土地的收益权。"四权"历来都是利益追逐的焦点，必须实施重点监管。

（2）监管"三大市场"：指监管土地市场、房产市场、农业市场。"三大市场"始终是利益与权力交换的场所，必须实施重点监管。

（3）监管"两大手段"：指监管土地利用规划、土地价值评估。"两大手段"是利益攸关方试图放大收益而使用的手段，必须实施重点监管。

（4）监管"两大行为"：指监管破坏自然资源环境、从事资源的违法活动的行为。"两大行为"是对国家和全体公民利益的巨大威胁，必须实施重点监管。

**5. 监管组织结构**

国家土地监管在组织结构上呈现垂直体系，其分为四个层级。

（1）第一层是国家资源监督管理委员会。负责对全国资源监管体系进行监管，负责稳定国家土地秩序，负责对国家土地银行的土地所有权与行使权依法行使监管，负责对国家土地银行的土地收益分配权依法行使监管，负责对国家土地银行的土地运营行为行使监管，负责查办全国重特大资源的违法案件，负责国家资源监管方面的宏观政策制定。

（2）第二层是各大区级的资源督查办公室。负责督查各大区级范围内各省（市）的资源监管工作，负责对辖区域内国家土地银行所运营的土地行使监管，负责查办大区内重特大资源的违法案件，负责监管各大区内的土地证券交易市场运营以及稳定土地市场秩序，负责横向与各省（市）级业务部门联系以解决监管职责的协作问题。

（3）第三层是各省（市）级的资源监督管理办公室。负责管理和执行全省的资源监管工作，负责对辖区域内国家土地银行所运营的土地行使监管，负责对省（市）辖区域内的土地经营权依法行使监管，负责查办重大资源的违法案件，负责监管省（市）辖区域内的土地、房产、农业三大市场运营以及稳定土地秩序。

（4）第四层是各地（市）级的资源监督管理办公室。负责管理和执行全市的资源监管工作，负责对辖区域内国家土地银行所运营的土地行使监管，负责对地（市）辖区域内的土地使用权依法实施监管，负责对辖区域内的外资企业的土地使用权依法行使监管，负责将资源的违法案件向上级汇报，负责监管市辖区域内的土地、房产、农业三大市场的运营秩序。

# 第8章

# 把握实现土地资源价值最大化方向

成立国家土地银行最大价值：通过完善公有制来坚持走中国特色社会主义道路；通过建立新型土地制度来服务于国家确立的有约束的市场化结构模式；通过成立国家土地银行来实现土地资源价值最大化。

## 8.1 中国土地价值的选择方向

土地资本原理：等量货币额的土地价值的远期接受价值愈接近现在，则它的价值愈大。这表明国家土地资本的价值根基是国家以其资源空间总价值作为基础建立起的国家总信誉。从土地资本原理中，发现了土地定价的两种基本方式。

土地资本原理在资源理论体系中占有重要地位，我们将该定义命名为土地资源理论的第三法则。

土地资本原理警示：若违背这一规律，任由土地价格上涨，国家经济建设将发生边际效用递减的情况，国家土地资源价值最大化将难以实现。这实际上是国家如何掌控"资源价值共享权"的战略性问题[1]。

中国如果持续推动国家土地价格上涨，最终将迫使国家经济建设落至边际效用递减、市场功能失灵、资源配置失效、国家竞争失利的不利境地。

土地价值的走向，决定了在国民经济中处于最弱势地位的农业发展状态，决定了在国家经济能力中体量最大的工业产能的消化方向，决定了在国家产业生态体系中最庞大的房地产行业的未来发展模式，决定了在国家资源空间总价值中处于最高地位的国家主权货币在国际货币体系中的价值定位。

中国现实情况令人担忧。全国土地价格持续上升，尤以近年来价格上涨最为迅速。例如，2008 年全国土地起始楼面均价 1112 元/㎡，2014 年全国土地起始楼面均价 3119 元/㎡，2019 年全国土地起始楼面均价 4372.48 元/㎡。这逼迫中国的百姓改变储蓄方式，由现金存储型的传统储蓄方式，转变为投资房产型的现代储蓄方式。

从土地价格上涨的成因分析，住宅用地价格的快速上升是推动土地价格快速上涨的主因。在全球货币量化政策不断推动下，中国经济未来很可能长期处于通胀的轨道中。

土地资本原理揭示土地定价有以下两种基本方式。

（1）第一定价方式[2]：当国际经济环境或本国主权货币处于相对稳定状态时，土地资本的价值直接体现为国家资源空间总价值。土地定价由长期消费变化决定。土地价格曲线呈现两大特征：一是长期平滑、缓慢上升；二是全球集团区域价值趋同[3]。

例如，中国的国家总价值位处全球第二集团，在土地价值的传导

① 宋健坤. 国家土地银行. 北京：中国财政经济出版社，2013：110.

② 同①110.

③ 宋健坤. 以可控性引爆房地产"病危企业"化解风险. 上海证券报，2015-09-22.

作用下，中国东部发达地区的房产价格曲线，一定是主动接轨"首尔—东京—台北—香港"一线的房产价格，并与之相交；若中国的国家总价值升至全球第一集团，在土地价值的传导作用下，中国东部发达地区的房产价格曲线，一定是主动接轨于"美国纽约"一线的房产价格，并与之相交。反之亦然。

**（2）第二定价方式①：当国际经济环境或本国主权货币处于非稳定状态时，土地资本的价值间接体现为国家资源空间总价值。土地定价由短期需求变化决定。土地价格曲线呈现前后连贯变化的特征：一是出现间歇性"悬空自转"，发出危险预警；二是重要商品与绝对量货币实现流量与流速的捆绑，经济将在巨大惯力裹挟下连续出现缓慢微量下滑、断崖式放量下跌、系统性危机爆发。**

中国沉淀在房地产行业的资金占货币投放总量的比例长期居高，这是国家在房地产行业长期推行重要商品与绝对量货币政策导致的必然结果。中国经济已连续多年出现缓慢下行、间歇性"悬空自转"现象。所幸重要商品与绝对量货币尚未实现流量与流速的捆绑。目前是控制系统性金融危机发生的关键时刻。

从本质讲：非理性地推动国家土地价格持续上涨是一种透支国家信誉的行为，最终将迫使国家丧失实现土地资源价值最大化的战略机遇期与获取能力②。

从周期角度看，中国处在加速推进以科技创新主导的产业升级周期与新的高折旧提取周期的叠加期。前期的基础性建设项目进入追加投资期，这些因素将严重影响企业效益，对宏观财政收入产生压力。

从矛盾角度看，解决就业是当前也是长期面临的主要矛盾。解决

---

① 宋健坤. 国家土地银行. 北京：中国财政经济出版社，2013：110.
② 同①115.

方法只有实现经济保持中高速度增长。只有经济发展保持一定速度，其他问题才能在进程中消化解决，离开经济发展速度，矛盾将会聚集发酵。西方国家近年连续爆发社会矛盾，其主要根源是经济发展速度长期停滞所致。

从国际角度看，全球有 8 个国家超过 20 年时间保持经济高速发展，其中唯有中国实现超过 30 年时间的经济高速发展。日本、韩国、新加坡三国，在经历 8%～9%的经济高速发展后降入 3%～5%的中高速发展通道。中国在确立提级增效的质量发展模式与经受中美贸易争端的考验后，将经济发展速度定位 5%～6%的通道上，应成为未来的主要目标。

从世界经济发展的新动态看，"速度经济"作为新经济的属性，正在发挥重要作用。"速度经济"反映出国家高端资源要素配置加速、技术创新导致产业升级加快、宏观经济周期伴随企业生命周期缩短而明显提速的客观需要。"速度经济"的本质属性正在新经济领域凸显，它作为经济的新属性，将深刻影响和改变未来企业的传统行为选择以及政府决策的逻辑方式。

从选择角度看，实现中高速可持续发展有两个基本方法：一是加大杠杆制造通胀方法；二是通过资产增值方法。

中国实施 4 万亿元的经济刺激措施，导致恶性抬高房地产和部分放大了低端产能，这实际已透支了第一个方法。目前只能选择第二个方法。不过，资产增值方法又细分为房地产投资与资本市场投资两种方法。

那么，中国土地价值的选择方向是什么？中国未来的投资方向是什么？中国未来投资的标准是什么？

**中国土地价值的选择方向是保持土地价格的长期稳定。中国未来的投资方向是资本市场。中国未来的投资标准是做到"四个坚持"：**

坚持土地价格的长期稳定，坚持有能力掌控地方政府或外部势力要挟土地价格的行为，坚持把握国家实现土地资源价值最大化的方向，坚持推进资本市场的价值投资。

## 8.2　成立国家土地银行的意义

世界各国、各地区土地制度的演进从未停歇，已经到了彼此互鉴、相互融合、创新共进的历史发展新时期。成立以适合本国国情为基础，以建立国家土地运营平台为手段，以实现土地资源价值最大化为目的的国家土地银行，已经成为中国的趋势性选择。

从站在历史发展高度与完善国家基础制度的维度，从积淀土地问题与实现国家长治久安的角度，从土地管理乱象与汲取国际土地管理经验的视角，综合各方面情况得出结论；中国应尽快成立国家土地银行。此外，成立的意义还在于以下几个方面。

**1. 奠定以制度巩固道路的基石**

成立国家土地银行，明确了土地制度的设计一定要与国家的道路选择和国家的根本政治制度选择紧密结合；明确了土地制度的选择必须服务于国家的市场化结构模式的战略目标，从制度上确立了建立社会主义的有约束的市场化结构模式；确立了土地是国家命脉性资源，确立了土地国有制是公有制的主要形式；在法理上奠定了国家以完善社会主义土地公有制制度来巩固走有中国特色社会主义道路的基石。

**2. 促进新型生产关系的建立**

国家土地银行以土地价值原理作为基础，进行法律授权下的土地"四类权属"的划分，确立了土地市场"分类监管"的新原则；建立起"阻隔利益"的制衡机制，理顺和化解了现阶段的各类矛盾。它代表国家持有和行使土地的所有权、收益权，让土地管理制度实现了由繁至简的转换；它通过制度设计统一了国家土地所有权，建立起以新型土地制度为标志的国家新型生产关系。

**3. 实现国家土地价值最大化**

成立国家土地银行，通过建立土地收益权制度和国家土地的封闭化运营体系，使土地经营权得到集中并消除碎片化，实现了农业集约化和现代化；通过建立中央与地方政府合理分切土地利益、向农民直拨土地溢价利益、向全民拨付土地增值利益等机制，让国家的经济成果转化成国家红利；按年度一次性直付给国民，它使全民"平均地权"的理想终成现实；它实现了国家土地资源价值的最大化。

**4. 实现土地运营管理的现代化**

成立国家土地银行，兼顾商业效率与社会公平，发挥资源优化配置的功能，为提高国家土地使用效率起到不可替代的作用；它成为国家农村金融体系的主导者，通过土地资源与金融资源的价值耦合功能，为巩固粮食安全和促进农业现代化发挥出重要的作用；它承担起国家土地监管体系的重要职责，促进土地、房产、农业这三大市场的健康发展；它的成立，标志着国家土地运营管理实现了现代化。

土地制度与中国革命和中国农民有着无法割舍的联系，它承载着厚重的历史；土地制度与土地经济和利益诟病有着特殊的联系，它裹挟着现实的泥沙；土地制度与国家实现"国家治理体系和治理能力现代化"有着紧密的联系，它寄托着全体公民的祈盼！

可以预见，在中国未来进行的这场伟大的社会变革进程中，一定会围绕"以土地制度设计为核心"展开持续博弈甚至是激烈角逐。

这场变革若能成功，能使中国顺利跨越中等陷阱的红线，极大提升中国国家资源空间总价值；能为中国在国际社会上树立起传播价值的意义，起到国家新价值观引领的作用；能让中国在建国百年之际，跨身于世界强国前列；能给中国再赢得一个百年以上的安全期。

届时，中华民族将实现伟大的复兴！

# 参 考 文 献

[1] 中共中央编译局. 马克思恩格斯全集. 北京：人民出版社，1986.

[2] 中共中央编译局. 国家与革命. 北京：人民出版社，2001.

[3] 毛泽东. 毛泽东选集. 北京：人民出版社，1964.

[4] 国务院新闻办公室会同中央文献研究室、中国外文局. 习近平谈治国理政. 北京：外文出版社，2014.

[5] 习近平. 关于《中共中央关于全面推进依法治国若干重大问题的决定》的说明 [EB/OL]（2014-10-28）. http://www.gov.cn/2014-10/28/content_2771717. htm.

[6] 习近平. 习近平在出席二十国集团领导人第九次峰会第二阶段会议时的讲话[EB/OL]（2014-11-15）. http://news.xinhuanet. com/word/2014-11/15/c_1113263749. htm.

[7] 习近平. 中央全面深化改革领导小组第七次会议[EB/OL]（2014-12-03）. http://www.gjxfj.gov.cn/2014-12/03/c_133829002.htm.

[8] 刘少奇. 关于中华人民共和国宪法草案的报告[EB/OL]（2009-08-17）. http://news.xinhuanet.com/ziliao/2009-08/17/content_11898015.htm.

[9] 李克强. 在中南海紫光阁会见世界银行行长金墉时的谈话[EB/OL]（2012-11-29）. http://news.xinhuanet.com/politics/2012-11129/c_113845128.htm.

[10] 戈森. 人类交换规律与人类行为准则的发展. 北京：商务印书馆，2000.

[11] 张五常. 佃农理论. 北京：商务印书馆，2000.

[12] 辛亥革命丛刊：第 4 册. 北京：中华书局，1982.

[13] 李用兵. 中国古代法制史话. 北京：商务印书馆，1996.

[14] 王景新. 中国农村土地制度的世纪变革. 北京：中国经济出版社，2001.

[15] 宋健坤. 区域经济发展的龙形战略. 北京：中国财政经济出版社，2002.

[16] 贾春泽. 中国古代土地制度浅析. 沧桑，2005（6）.

[17] 朱英刚，王吉献. 国外及台湾地区土地金融研究与借鉴. 农业发展与金融，2008（11）.

[18] 宋健坤. 资源空间论. 北京：军事科学出版社，2009.

[19] 秦剑军. 建国以来我国农村土地制度的嬗变. 经济问题探索，2011（2）.

[20] 宋健坤. 资源空间学. 北京：国防大学出版社，2011.

[21] 杨天波，江国华. 宪法中土地制度的历史变迁. 时代法学，2011（1）.

[22] 宋健坤. 中国资源空间价值提升路径与发展预测 [EB/OL]（2012-12-24）. http://news.xinhuanet.com/energy/2012-12/24/c_124140618. htm.

[23] 宋健坤. 国家土地银行. 北京：中国财政经济出版社，2013.

[24] 宋健坤. 第三代商业模式的大突破. 上海证券报，2013-04-02.

[25] 钱穆. 中国历代政治得失. 北京：九州出版社，2015.

[26] 宋健坤. 以可控性引爆房地产"病危企业"化解风险. 上海证券报，2015-09-22.

# 后　记

从国家层面上讲，国家土地制度是国家产权制度的核心内容，更是中国现代制度中的基础制度。中国现代制度的改革还存在很多盲区，其领域长期被国外所谓著名理论控制，由知名学者不失时机地站出来"指导"着中国现代制度的走向。因此，仅解决国家土地制度的设计问题，并不能从根本上确保中国的土地制度、产权制度乃至整个现代制度的改革不偏离正确的方向。

中国现代制度的改革方向与中国土地价值的选择方向，不仅直接关系到国家的最高利益，还因其触动核心价值而牵动全体公民的切身利益。中国改革开放以来，积极吸收国际先进理论和经验，推动了自身的长足进步。与此同时，由于中国在汲取与鉴别过程中缺乏经验，超成本支付的事情时有发生。为此，构建起符合中国国家发展利益的新制度经济学，十分必要。

建立国家土地银行论的目的，是为了解决如何实现土地资源价值最大化这一带有根本性、战略性的理论问题。研究触及中国现代社会制度的本质特征、国家确立的有约束的市场化结构模式的选择、中国现代制度尤其是产权制度的改革方向与中国土地价值的选择方向等重大基础理论问题。

如何确保中国现代制度的改革坚持正确方向，这不仅是一个艰难的实践问题，更是一个事关全局的战略理论问题。只有建立起适合并服务于中国国家发展利益的新制度经济学，才能有效发挥保驾护航的作用。我真诚希望《国家土地银行论》能为中国现代制度改革发挥有益的作用，能为建立中国新制度经济学做出贡献。

推进现代制度改革，经常会提到张五常先生，他是世界著名经济学家。他所著《佃农理论》一书，对分成租佃制作出了新解释，推翻了以往的传统理论，成为"新佃农理论"的奠基人。我们学习张五常先生《佃农理论》时发现，该著作还有一个目的，就是探讨如何实现土地资源价值最大化，借以指导社会实践。分析发现，张五常先生的理论在逻辑推演下的结论：是如何实现土地资源利用效率的最高化，并非是实现土地资源价值最大化。

土地价值原理揭示，要实现土地资源价值最大化，必须依赖复杂的理论体系同步解决三个主题：如何实现土地资源利用效率最高化，如何实现土地资源收益全民分配最大化，如何实现土地资源市场化配置最佳化。由于历史的局限性，《佃农理论》虽留有遗憾，我们也高度肯定它取得的历史性研究成果。

我自 1997 年起一直专心研究国家土地制度的设计工作。2013 年在全国率先完成"国家土地银行"的制度设计，并于 2014 年 1 月出版《国家土地银行》（中国财政经济出版社）。

随着研究的深入，土地制度撬动的深层领域令我震撼、夜不能寐。我经缜密思考，决定放弃即将出版的《国家土地银行（第 2 版）》计划。站在新高度的研究，让我完成了国家新型土地制度的整体设计，它奠定了《国家土地银行论》的理论体系。《国家土地银行论》于 2016 年 3 月出版（北京交通大学出版社）。

《国家土地银行论》出版四年以来，我在土地资源的基础理论领域又获诸多研究成果，尤其是在"国家土地银行"实施路径上有新的突破。为了同时解答广大读者的问询，决定出版《国家土地银行论》（修订版），将近年来的研究成果奉献给大家。

　　我对支持再次出版本书的北京交通大学出版社，表示真诚感谢！

　　今天是我敬爱的母亲单慕珍 80 岁生日。我谨以此书的出版，向她老人家奉上我最崇高的敬意——祝福母亲健康长寿！

宋健坤

**2020 年 1 月 7 日**